Colección : 2 libros en 1

LOS INVERSORES INMOBILIARIOS

NOVATOS

EL SECTOR INMOBILIARIO COMERCIAL

PARA NOVATOS

Lucas V.

Contenido

LOS INVERSORES INMOBILIARIOS NOVATOS

EL SECTOR INMOBILIARIO COMERCIAL
PARA NOVATOS

LOS INVERSORES INMOBILIARIOS

NOVATOS

Comprar casas o locales con (o sin) financiación
a pesar de la "caída económica"
del mercado inmobiliario

Lucas V.

Introducción

¿Qué es el mercado inmobiliario? ¿Conoces esta inversión tan popular? ¿Cree que los bienes raíces son un tema que se ha discutido bastante a lo largo de los años? En este sentido, quienes expresan la duda anterior son los inversores en este sector y en bienes duraderos, además de la industria de fondos inmobiliarios, que es muy activa verticalmente. En base a este contexto, podemos definir lo que es este mercado: no es más que un comercio en el sector inmobiliario que negocia terrenos o cualquier ocupación construida en un espacio determinado. Por lo general, las personas activas en el mercado son, entre otras, personas físicas, jurídicas y agentes inmobiliarios, que actúan como intermediarios para la venta o el alquiler de propiedades, como casas y apartamentos, habitaciones y oficinas. Con la reconstrucción de la economía, el mercado de la vivienda en 2019 ha tenido un fuerte crecimiento. Con una baja inflación, el consumidor gana poder adquisitivo.

Mayor confianza del consumidor - La reanudación de la economía hace que los inversionistas se sientan confiados nuevamente.

Modernización de la automatización del hogar - Para atraer a los compradores, las empresas de construcción han invertido en tecnología y otros diferenciales.

Uso de la realidad virtual - ¿Ha imaginado alguna vez poder visitar una empresa que aún no ha sido construida?

Creación de más plataformas inmobiliarias - Anuncios más atractivos, características y optimización de datos en el mercado inmobiliario, ¿es mejor comprar un terreno o una propiedad?

En el mercado inmobiliario, hay ventajas y desventajas, por lo que es necesario estar bien informado sobre todas las posibilidades. Es importante tener en cuenta la cantidad disponible para la inversión y el tiempo deseado. Una de las principales ventajas de comprar un terreno y construir una casa es la idealización de la propiedad.

Sin embargo, diseñar una casa de la manera que se desea requiere tiempo y mano de obra especializada y una casa terminada es algo que puede ser más práctico, pero puede ser necesario hacer algunas modificaciones. Necesitas conocer algunos riesgos que pueden plagar el mercado inmobiliario.

Riesgo de mercado - Representa las fluctuaciones en el precio de la propiedad, además de la fluctuación de otras variables involucradas en la transacción.

Riesgo de liquidez - Puede ser que en el momento en que usted quiera recuperar su inversión en el mercado, simplemente no haya compradores interesados.

Riesgo de crédito - En este caso, si un comprador tiene problemas para honrar el pago de la propiedad, el rendimiento puede verse comprometido.

Riesgo de accidente - Accidentes causados por fallas humanas como incendios o simple ingeniería mal planificada.

Riesgo de expropiación - Si el gobierno decide expropiar la ubicación de su terreno, desafortunadamente, en este caso, no hay mucho que hacer.

Los FIIs son una opción para aquellos que quieren invertir en el mercado inmobiliario. Si la intención es comprar una propiedad para alquilar o construir y vender, los Fondos de Inversión en Bienes Raíces (FIIs) pueden ser una opción. En resumen, los fondos de inversión inmobiliaria son como condominios cerrados, donde los inversores se reúnen para invertir sus recursos. Vale la pena mencionar que son inversiones con ingresos variables y que se negocian en la bolsa de valores. Aun así, aplicar en FII es una forma extremadamente inteligente para un inversor que quiere invertir. Por lo tanto, con muchos menos recursos de los que necesitaría para comprar una propiedad, en un FII, puede comprar acciones y obtener ingresos mensuales.

Para entrar en el mercado inmobiliario, el inversor debe ser consciente de que la devolución de la solicitud, ya sea la construcción de casas, la compra en la planta, los edificios o las subdivisiones, se produce después del momento de la obra, y esto puede significar un retraso de 18 a 36 meses, dependiendo del tamaño de la empresa y la disponibilidad de mano de obra.

La forma más básica de entrar en el mercado es adquirir una propiedad, operación que requiere el pago total del activo o la mayor parte del precio de entrada, y el resto en crédito aprobado. También es posible invertir en fracciones de una propiedad, participando en el beneficio obtenido de la venta o el alquiler de las propiedades, por ejemplo. El valor es proporcional al número de acciones vendidas, dividido entre todos los compradores. Es indispensable tomar algunas precauciones para que esas inversiones den un buen rendimiento. Al invertir, el cliente debe identificar si la región de interés tiene potencial para el crecimiento de la infraestructura y la expansión, una visión del potencial del mercado inmobiliario para la región, supermercados, escuelas, hospitales y accesibilidad.

Capítulo 1:

¿Quién es el típico inversor inmobiliario?

La inversión inmobiliaria no es una nueva aventura. Aunque esta puede ser tu primera vez buceando en el tema, debes saber que estás a punto de entrar en la liga de los hombres y mujeres reales. Sí, la inversión inmobiliaria es una industria en la que operan personas reales y duras.

Antes de profundizar en la inversión inmobiliaria, primero hay que pulir los fundamentos. Y la primera de ellas es entender quién es el típico inversor inmobiliario.

Si estás cansado de vivir endeudado o de tener que vivir de la mano a la boca, entonces puedes estar seguro de que los bienes raíces son una industria rentable. Si te ha ido bien financieramente pero buscas aumentar tu flujo de caja, también eres bienvenido a la liga de hombres y mujeres reales.

Sin mezclar palabras, un típico inversor inmobiliario es aquel que evalúa el mercado inmobiliario y compra propiedades con la única intención de crear riqueza. Dependiendo de sus objetivos de inversión, puede comprar una propiedad residencial o comercial o incluso una combinación de ambas.

La inversión en bienes raíces es rentable. Puedes invertir en bienes raíces con poco o nada de dinero y llegar a ser millonario. Aunque hay muchas maneras de hacerlo, necesita conocer los pasos y construir las habilidades adecuadas que le ayudarán durante su viaje - todas estas cosas se le enseñarán en capítulos posteriores de este libro.

Sin embargo, antes de eso, lo más importante es saber y entender cómo funciona un inversor inmobiliario. Cuando la emoción de la oportunidad de comenzar una nueva aventura se desvanezca, lo que quedará es su comprensión de quién es un típico inversor inmobiliario.

Una de las primeras cosas que los inversionistas de bienes raíces deben entender es la diferencia entre los mercados residenciales y comerciales y en cuál estarían interesados en invertir.

Mercados residenciales y comerciales

Las propiedades residenciales incluyen casas adosadas, apartamentos y casas unifamiliares. En términos más simples, las propiedades residenciales son propiedades donde vive la gente. Usted, como dueño de la propiedad, puede decidir vivir en ella o alquilar toda la propiedad y disfrutar de los ingresos por alquiler. En las propiedades residenciales, sus inquilinos serán probablemente individuos y familias.

Las propiedades comerciales, por otro lado, incluyen espacio de oficinas, edificios industriales, instalaciones públicas, tiendas, hoteles y mucho más. Como es evidente, la mayor diferencia entre las propiedades comerciales y las residenciales es que mientras que las propiedades residenciales se alquilan a individuos y familias, las propiedades comerciales tienen negocios como inquilinos.

Sin embargo, al igual que en las propiedades residenciales, los propietarios de propiedades comerciales pueden decidir operar desde la propiedad que poseen y arrendar el resto del espacio a inquilinos o arrendar la totalidad de la propiedad. La propiedad comercial es, sin duda, una inversión significativa.

Diferencia entre la propiedad residencial y la propiedad comercial

Hay diferentes tipos de inversiones inmobiliarias. Sin embargo, en este libro nos centraremos en dos de las más populares. Aquí, investigamos las diferencias entre las propiedades residenciales y las propiedades comerciales. Y la razón es simple.

En su viaje como inversionista inmobiliario, se enfrentará, tarde o temprano, a cuál de los mercados debe invertir. Si le pregunta a un inversor inmobiliario en el mercado residencial en cuál de los mercados invertir, le dirá por qué el mercado residencial es el mejor, y creerá que tiene razón. Del mismo modo, un inversor en el mercado comercial también le hará saber cuánto ha ganado en el último mes y cómo eso sólo es posible en su área de operación.

Todo eso puede dejarte confundido, especialmente si estás empezando. Sin embargo, ese no es su caso. Eres inteligente; tienes este libro. Repasemos las discrepancias entre estos mercados y verá claramente por qué son diferentes

- **Gestión de la propiedad:** no es raro que los propietarios de inmuebles en el mercado residencial traten con un solo hogar o inquilino a la vez. Sin duda, la situación es exactamente la opuesta en los mercados comerciales. Los propietarios pueden estar tratando con hasta 25 inquilinos en una sola propiedad. Y esto viene con serios desafíos.

  Por ejemplo, en los mercados comerciales, los propietarios necesitarán el servicio de los administradores de propiedades para ayudar en el cobro de los alquileres, el mantenimiento y para asegurar una experiencia cómoda a los inquilinos. Todo esto ayuda a los propietarios a mantener a sus inquilinos felices. En los mercados residenciales, sin embargo, esto no siempre es así. Los inversores o los propietarios administran la propiedad ellos mismos, excepto en los casos en que no son expertos en bienes raíces y, por lo tanto, requieren los servicios de profesionales para ayudar a la gestión y obtener el máximo valor de su inversión.

- **Investigación adecuada**: no debe sorprenderle que cualquier empresa en la que se embarque, incluida la inmobiliaria, tenga que ser investigada adecuadamente. En la inversión inmobiliaria, las investigaciones que debe llevar a cabo incluyen el título, los convenios, los informes de los edificios y los fundamentos de los mercados. Estas investigaciones son esenciales para ambos tipos de mercados.

  Sin embargo, en el caso de la propiedad comercial, se requieren investigaciones adicionales. Las garantías pendientes, el estado de los servicios del edificio, la eficiencia operativa y los pactos con los inquilinos subyacentes son algunas de las investigaciones requeridas.

- **Perfil de riesgo**: las propiedades comerciales se caracterizan por los arrendamientos a largo plazo y esto ayuda a proporcionar un flujo de efectivo más estable que la propiedad residencial, que tiene arrendamientos más cortos. En los arrendamientos de propiedades residenciales, los inquilinos tienen la oportunidad de romper el acuerdo con poca antelación y esto genera un alto riesgo para el inversor. La propiedad comercial, por otro lado, ofrece más seguridad. El método de arrendamiento en las propiedades residenciales está estructurado de manera que da a los inversores o propietarios la responsabilidad de hacer el mantenimiento y las reparaciones de rutina. En la propiedad comercial, el caso es el contrario. Los inquilinos son responsables de toda la gestión de la propiedad y las reparaciones.

- **Variaciones de valoración**: también hay diferencias de valoración entre nuestros mercados de inversión inmobiliaria más populares. En los mercados residenciales, las valoraciones irracionales son a menudo comunes. Y la razón es que los precios de las propiedades en los mercados residenciales se determinan comparando otras propiedades de características similares en la zona. Esto a menudo está más allá de la capacidad de los inversores y eso le deja un gran riesgo. Las propiedades en los mercados comerciales, por otro lado, tienen valoraciones que están determinadas por el valor actual de los futuros flujos de ingresos.

Así que, al final, si hoy le preguntas a cualquier inversor inmobiliario de éxito cuál es el mercado correcto a seguir, puedo apostar que apenas encontrarás a alguien que te diga sinceramente que debes ir por uno y descuidar el otro. Sin embargo, lo que tienen en común es la práctica; cuando los inversores empiezan, prueban el mercado menos arriesgado que es el mercado residencial. Cuando han adquirido suficiente experiencia en el mercado, pasan al mercado comercial. Este no es un modelo que necesariamente deba seguirse, pero es una forma que ha funcionado para muchos, tal vez incluso funcione para usted.

Mientras tanto, la respuesta a eso está incluida en este libro. Sigue adelante. Para ponerte en el camino correcto cuando empieces tu viaje de inversión en bienes raíces, tienes que averiguar cuál es tu objetivo. Y esta pregunta es la que nos llevará a la siguiente parte.

¿Cuál es su objetivo?

Si se le pregunta cuál es su razón para querer invertir en bienes raíces, es seguro que su respuesta será que quiere obtener un rendimiento saludable de sus ingresos o, en términos más sencillos, generar ingresos. Después de todo, esa es la razón por la que has elegido este libro y esa es la promesa de este libro.

¡Tienes razón! Incluso el más exitoso inversor inmobiliario, cuando se le pregunte, le dirá que está interesado en obtener beneficios. Entonces, ¿qué hay de malo en eso? ¡Absolutamente nada!

La única cuestión es que, si eso es todo en lo que estás pensando, no está garantizado que obtengas el beneficio que tienes en mente. Y ahí es donde se establecen los objetivos. Necesitas tener un objetivo bien definido.

¿Qué es exactamente lo que deseas lograr?

¿Cuánto tiempo crees que te llevará?

¿Cuáles son las cosas que necesitarás para lograr este objetivo?

Estas y otras son las preguntas que debes responder. Y establecer un objetivo te ayuda a visualizar tu futuro desde el principio. Los objetivos pueden ser amenazantes si se manejan de manera incorrecta y esta es la razón por la que muchos no se fijan objetivos o la mayoría de los que lo hacen, no cumplen sus objetivos.

El establecimiento de metas, especialmente en la inversión inmobiliaria, es muy importante. Ya sea que planee ser dueño de todos los apartamentos de una zona o tener una propiedad en una de las zonas más lucrativas del país, es el establecimiento de objetivos lo que le ayudará a llegar allí en un tiempo récord.

Para establecer las metas por las que vivirás, hay ciertas maneras de hacerlo. En la inversión en bienes raíces, hay cinco tipos de formas de establecer objetivos que le permitirán alcanzar el éxito. Vamos a ello.

Establecer objetivos específicos

Nunca estarás listo para hacer una mudanza en bienes raíces si no tienes un objetivo específico en mente. Sí, usted está interesado en obtener beneficios de su inversión, pero ¿cómo pretende exactamente lograrlo? También necesita determinar si es un objetivo a largo o a corto plazo.

Tienes que establecer claramente cada término y lograr cada paso que se necesita para alcanzar tu objetivo. Si tiene la intención de obtener una cantidad determinada de beneficios al final de su primer año como inversor en bienes raíces, entonces tendrá que empezar a ver qué medidas prácticas debe tomar para lograr este objetivo.

También es aconsejable escribir su objetivo. Los estudios han demostrado que las personas que escriben sus objetivos tienen más probabilidades de alcanzarlos, a diferencia de los que no los escriben. Al escribir sus objetivos específicos, algunas de las preguntas que debe responder son qué es exactamente lo que está tratando de lograr, por qué el objetivo es importante para usted y cómo el hecho de lograr o no lograr el objetivo afecta a su empresa. También debe reconocer los recursos que necesitará para lograr su objetivo y el personal que le ayudará a alcanzarlo.

1. Te lo advierto; esto puede ser abrumador. Así que, si no tienes las respuestas a todas tus preguntas de una vez, tómate tu tiempo. Pero, asegúrate de establecer objetivos específicos y deja que te guíen.

Objetivo medible

¿De qué sirve establecer objetivos si no se puede comprobar si realmente se ha logrado lo que se ha propuesto hacer durante un período de tiempo? Tu objetivo se alcanzará si es medible en primer lugar. Es este tipo de objetivos los que te ayudan a mantenerte motivado. El progreso de tu objetivo es conocido, y te animas cada vez más a medida que se acerca la línea de meta.

Como siempre puedes saber el nivel que tienes, también puedes entender qué trabajo queda por hacer y eso te empuja a cumplir tus objetivos. Por ejemplo, si decides ahorrar una determinada cantidad de dinero al final del año, hablar de ello no te ayudará. En cambio, ahorrar una cierta cantidad cada mes funcionará, y podrás saber cuánto queda cada mes.

No se hará ningún favor en ningún momento de su esfuerzo de inversión inmobiliaria si empieza a fijarse una meta inalcanzable. Creo que una de las cosas que hace que la gente pierda interés en fijar metas es fijar metas inalcanzables. Cuando esto sucede, se frustran y eventualmente dejan de fijarse metas después de un tiempo. El problema no es que no puedan alcanzar una meta, sino que se han fijado metas inalcanzables e irreales en primer lugar.

Sus objetivos, sin embargo, deben empujarle más allá de su zona de confort y agotar sus recursos y también deben ser lo suficientemente prácticos para ser logrados. Cuando se haya fijado metas alcanzables, sabrá si está listo financieramente para lograr el objetivo y si, en efecto, se ha dado el tiempo suficiente para lograrlo. También comprenderá mejor los desafíos que enfrentará para lograr el objetivo.

Es en la comprensión de ellos que usted será capaz de llegar a soluciones a estos desafíos que eventualmente pueden ayudarle a superar y alcanzar su objetivo.

Objetivo relevante

Al establecer su objetivo de inversión en bienes raíces, la relevancia se refiere a establecer objetivos que importan al estado actual de su negocio. Mientras que las metas a largo plazo son válidas y alentadoras, es mucho más aconsejable establecer una meta que ayude a los resultados de su negocio.

Las metas relevantes erradicarán la frustración que traen las irrelevantes. Le permiten tener un propósito claro de lo que quiere hacer en la inversión de bienes raíces y cuánto tiempo le llevará lograrlo.

¡Dale un plazo a tus metas! No conozco ninguna forma sencilla de decirlo. Tus metas deben tener una fecha o una hora fijada en contra. Ya sea que quieras asistir a una cierta cantidad de eventos de networking en los próximos 4 meses, o que quieras asistir a una conferencia de la industria dos veces al mes durante los próximos seis meses.

Cualquiera que sea tu objetivo, poner un tiempo detrás te mantiene enfocado y, eventualmente, exitoso. Y para hacer eso, asegúrate de celebrar cada pequeña y gran victoria que se te presente. Esto te mantendrá motivado y cargado para el futuro.

Hemos visto lo importante que son los objetivos y lo que se debe hacer para alcanzarlos. Cualesquiera que sean tus objetivos, asegúrate de que sean específicos, mensurables, alcanzables, relevantes y limitados en el tiempo. Ese es su plan para el éxito.

Problemas comunes de los nuevos inversores inmobiliarios

Los nuevos inversores como tú tendrán problemas. Es una jungla ahí fuera y sin la guía adecuada, te encontrarás con problemas que te dejarán frustrado e infeliz. Bueno, no tienes que unirte a la liga de los inversores frustrados, aquí abajo enumeramos algunos de los problemas comunes que encontrarás cuando empieces y cómo superarlos.

a. La propiedad

Algunos problemas se acumulan en la propiedad. Por supuesto, la propiedad es la principal razón de discusión en cualquier inversión inmobiliaria, por lo que es obvio que hay cuestiones que se pueden considerar. Y el primero de esos problemas es conseguir propiedades.

Los inversionistas experimentados y exitosos se las arreglan para obtener información sobre los listados, pero ¿qué hay de ti, el novato? Tus únicos amigos aquí son los mayoristas locales y, para conocerlos, tienes que asistir a las reuniones del club de inversión local.

Sé que debes estar pensando en dónde encontrarlos. ¡Tranquilo! La respuesta es la Asociación de Inversiones Inmobiliarias. Todo lo que tienes que hacer es buscar en línea sobre las reuniones en tu área y averiguar la hora y el lugar de la reunión a la que quieres asistir.

Una vez que estés en el grupo, por supuesto, lo siguiente que debes hacer es hacerles saber lo que puedes hacer. Si tienes experiencia en la construcción, puedes hacerles saber eso y seguir diciendo que quieres comprar una propiedad. Como eres un nuevo inversor, empezar diciendo que estás buscando propiedades puede no ayudarte ya que ellos ya tendrán un inversor.

Sin embargo, una vez que seas capaz de crear un nivel de urgencia que erradique las ofertas de los otros inversores, puedes estar seguro de que serás capaz de conseguir tu primera propiedad en el acto.

2. El dinero

Apuesto a que esto no debería ser una sorpresa para ti. Si quieres comprar una propiedad, por supuesto, deberías tener el dinero para pagar al actual propietario. Bueno, si aún no tienes el dinero, hay algunas opciones que puedes usar para conseguir la propiedad de todos modos.

Una de las más comunes es asegurar un préstamo a corto plazo. El tema es que los préstamos son muy difíciles y a menudo tienen una alta tasa de interés. Eso puede significar que usted pagará con un gran porcentaje de su ganancia. Los préstamos a corto plazo a menudo no se fomentan, pero es una opción posible que puedes considerar para conseguir tu primera propiedad.

Otra forma de obtener fondos es tener un socio. Esto te ayuda a compartir la carga. Sin embargo, asegúrese de que ambos tengan un documento legal escrito y firmado que incluya detalles de sus compromisos. Si eso no funciona para usted, también puede ahorrar su propio dinero. Incluso si esto puede ser más largo que las dos primeras opciones mencionadas, es la más segura.

3. La obra

No es raro encontrar que una propiedad recién adquirida necesita ser renovada. Y a menos que el trabajo requerido sea demasiado y complicado, tendrá que trabajar allí usted mismo.

Si el trabajo es demasiado, hoy en día es fácil conseguir que los contratistas trabajen en su propiedad. Decirle a todos los que conoce que necesita un contratista podría hacerlo por usted. Si no, Craigslist o AngelList son plataformas en línea que pueden ayudarle a conseguir contratistas para que trabajen en su propiedad recién adquirida.

Aquí es donde debe tener cuidado, sin embargo; no trabaje con contratistas sin seguro ni licencia. El riesgo es demasiado alto, y no querrás caer en problemas en esta etapa temprana. Averigüe cuándo puede empezar a trabajar un contratista en su propiedad y asegúrese de estar allí para supervisar todo el proceso.

Para escalar a través de sus primeros días en la inversión de bienes raíces, estos son algunos de los errores que debe evitar.

Capítulo 2:

Por qué los bancos no te prestan dinero

Si no te ha pasado antes, habrás oído a otros decir que los bancos rechazan sus ofertas de préstamo. Entonces empiezas a preguntarte por qué. La mayoría de las veces, las únicas personas a las que los bancos dan préstamos son aquellos que ya tienen dinero. Es injusto, al menos eso es lo que tú piensas.

La opinión popular de que los bancos detestan a los nuevos negocios o inversores es falsa. El único problema es que muchos nuevos inversores inmobiliarios tienen situaciones desalentadoras a su alrededor. Además, la mayoría de las personas se acercan al banco sin tener una comprensión adecuada de cómo funcionan los préstamos bancarios.

Debe saber, sin duda, que los bancos sólo dan préstamos con fines de lucro. Y para cumplir con esta tarea o propósito, los préstamos bancarios deben tener algunas características. Repasemos las características de un préstamo bancario.

1. Partes

Esto es primario. En otro caso, para que un préstamo bancario se lleve a cabo con éxito, deben participar dos partes. La primera es el banco que proporciona el préstamo y la otra parte es usted - el solicitante. Cuando el solicitante solicita un préstamo en el banco, si se considera que es financieramente viable, se le concede la solicitud, si no, la solicitud se rechaza de plano.

2. Cantidad del préstamo

El monto del préstamo que un banco otorga a un solicitante puede ser pequeño, mediano o grande. Siempre hay una diferencia entre la cantidad aplicada y la sancionada en función de la capacidad y la calidad del prestatario. A menudo, también se considera el propósito para el que se solicita el préstamo.

3. Decisión

En una solicitud de préstamo bancario, el banco tiene la decisión final. Decide a quién conceder su solicitud de préstamo y a quién rechazar. Esta decisión se toma teniendo en cuenta la solvencia del solicitante, su propio fondo y otras cuestiones.

4. Modo de préstamo

Salvo en casos excepcionales, los préstamos se conceden en efectivo. Sin embargo, hay casos en que el préstamo se otorga por otros métodos, como maquinaria, materias primas y otros insumos. Esto se determina en función de la finalidad del préstamo y de la solvencia del solicitante.

5. Naturaleza del desembolso

Los bancos suelen desembolsar el préstamo a plazos. Salvo en casos excepcionales, especialmente cuando el banco está convencido, cuando puede decidir desembolsar la totalidad de la suma sancionada de una sola vez.

6. Proceso

Los préstamos bancarios se desembolsan a través de la cuenta corriente del solicitante o cliente. Si el cliente no tiene una cuenta corriente en el banco, se le ordena que abra una antes de que se desembolse el préstamo.

7. Seguridad

Una cosa que los bancos no bromean es la seguridad del préstamo. Antes de que un banco acepte una solicitud de préstamo, debe asegurarse de la existencia de una garantía que pueda devolver el préstamo del solicitante o de su garante. En los casos en que el monto del préstamo es pequeño, la garantía puede ser retirada, y el préstamo se procesa sobre la base de la garantía personal.

8. Tasa de interés

Esto no es nuevo - los bancos nunca sancionan un préstamo sin interés! Sin embargo, la tasa de interés puede variar dependiendo del tipo de préstamo y del historial del cliente.

9. Periodo

El período de sanción de un préstamo puede ser inmediato, a corto, medio o largo plazo. Una vez más, la periodicidad del préstamo la determina el banco. Y depende del tipo de préstamo que se solicita, la solvencia del cliente y el propósito para el que se solicita el préstamo.

10. Reembolso del préstamo

Los préstamos se pagan en cuotas, pero también pueden ser devueltos en un acuerdo de una sola vez. El plan de reembolso de los bancos se prepara en base al posible flujo de efectivo de los proyectos del cliente.

Habiendo pasado por estas características de los préstamos bancarios, debe preguntarse, ¿por qué entonces los bancos rechazan las solicitudes de préstamos? Bueno, las razones no son descabelladas.

Excavemos más profundamente en por qué los bancos hacen oídos sordos cuando una persona, especialmente un nuevo inversionista inmobiliario como usted, se acerca a ellos para pedir un préstamo. Hay tantas razones por las que los bancos rechazan sus solicitudes de préstamo. A continuación enumeramos algunas de las más populares.

- **Falta de un flujo de efectivo consistente**

Los bancos siempre quieren contar con un sistema de ingresos estables del inversor que viene a solicitar un préstamo. Por lo tanto, si no caes bajo el radar de los inversores con un historial de flujo de caja consistente, hay una alta probabilidad de que tu solicitud sea rechazada.

- **Insuficiente garantía**

Los bancos confían en la oportunidad de vender su propiedad o garantía en el desafortunado caso de que no pueda cumplir con los acuerdos de préstamo. Si es probable que no tengas suficiente garantía, entonces el banco probablemente rechazará tu solicitud de préstamo.

- **Abundancia de deuda**

Si tienes un historial de deudas con varios prestamistas, es probable que nadie esté dispuesto a prestarte más dinero. Y sorprendentemente, los bancos también piensan eso. Ningún banco le dará dinero a un nuevo inversor si ya le debe a mucha gente o a otros bancos. El problema aquí es que no es raro que los nuevos inversionistas tengan múltiples fuentes para pedir prestado y ese es el giro correcto para los bancos.

- **Preocupaciones económicas**

Los bancos, como cualquier otro negocio, están interesados en obtener beneficios. Así que no se ofenda si parece que están más interesados en la situación económica actual que en su propósito. Si los bancos sienten que las condiciones económicas actuales no son favorables, es probable que no concedan tu solicitud de préstamo. Puedes argumentar diciendo que cuando la economía está mal, es difícil mantener los ingresos y reducir los costos, pero los bancos no están interesados en eso.

- **Historial operativo insuficiente**

Si no tiene un historial significativo y prolongado en su negocio, es probable que los bancos no le concedan su solicitud de préstamo. Los bancos sólo están interesados en dar fondos a un inversionista o negocio que haya tenido cierto éxito y credibilidad. Así que, a menudo, antes de conceder la solicitud de préstamo, una de las cosas que piden es un documento que muestre un sólido historial de generación de beneficios durante un período de tiempo.

Hay varias razones por las que los bancos no le prestan dinero. Pero cuando esto sucede, ¿qué se espera que hagas? Bueno, hay algunas opciones que un nuevo inversor inmobiliario como tú debería conocer. Algunas de estas otras opciones se enumeran a continuación y se denominan financiación alternativa.

a) Adelantos de efectivo para comerciantes

Es un programa que le presta una suma particular de capital comprando una cantidad equivalente de sus futuras ventas con tarjeta de crédito/débito. A diferencia de los bancos que solicitan pagos mensuales fijos, los adelantos de efectivo de los comerciantes sólo deducen un pequeño porcentaje de sus ventas mensuales con tarjeta de crédito/débito hasta que su préstamo sea devuelto en su totalidad.

b) Préstamos comerciales

Los préstamos empresariales son préstamos no tradicionales que facilitan el acceso a los préstamos a los nuevos inversores y a las pequeñas empresas. Sin embargo, la cantidad a la que podrá acceder depende de su propósito y del tamaño de su empresa.

c) Programas de compra de inventario

Este es otro programa que fue creado para ayudar a las pequeñas empresas y a los nuevos inversores. Sin embargo, en los programas de compra de inventarios, no se da dinero en efectivo, sino gastos básicos como el inventario. Esto te permite comprar inventario sin costo inicial.

d) Familia y amigos

Mucha gente rehúye pedir prestado a su familia y amigos, pero podrían ser su medio más seguro para conseguir fondos. Cuando pides prestado a tus amigos o familiares, te encuentras con alguien que te conoce bien y es probable que obtengas un préstamo con poco o ningún interés.

Sin embargo, es importante que todas las condiciones del préstamo estén claramente establecidas para evitar cualquier disputa en el futuro.

Capítulo 3:

Mitos sobre el dinero

La inversión inmobiliaria ha sido objeto de un gran escrutinio a lo largo de los años. Muchos mitos han estado dando vueltas sobre la acumulación y el gasto de dinero en la industria. No se puede culpar a nadie que crea en esos mitos y la razón es simple. Algunos de estos mitos o conceptos erróneos pueden parecer reales.

Sin embargo, lo que ha sido evidente es que, aunque estos mitos parezcan lógicos, no son exactamente correctos. De hecho, la mayoría de estos mitos han hecho que muchos inversores inmobiliarios salgan perdiendo. Debido a que parecen lógicos, usted puede estar tentado a seguirlos y no pensar correctamente en los efectos que tendrán en su inversión.

Mientras se invierte, una de las mayores barreras para la mayoría de las personas, tanto para los nuevos como para los antiguos inversionistas de bienes raíces, es el dinero. No es raro descubrir que muchos dejan sus trabajos por la libertad financiera en la inversión inmobiliaria. Tal vez ese sea su objetivo también. Por lo tanto, el dinero juega un papel muy importante en la inversión y hay muchos mitos y conceptos erróneos sobre él.

Si quieres escalar como nuevo inversor en bienes raíces, entonces debes olvidarte de estos mitos porque te harán más daño que bien. Vamos a abordar algunos de estos mitos:

1. **Se necesita mucho dinero antes de que puedas empezar a invertir**

Bueno, esto no es exactamente cierto ya que hay formas creativas de financiarse. Cuando estás comprando una nueva propiedad o tomando una nueva hipoteca, la verdad es que puede ser intimidante. Definitivamente necesitarás el dinero extra que probablemente no tengas.

Sin embargo, la inversión en bienes raíces es bastante diferente a esto. Es una forma de generar ingresos pasivos que eventualmente pagarán el costo de la propiedad con el tiempo. Y si no tienes el dinero, entonces siempre puedes acercarte a los socios. La financiación alternativa y los prestamistas privados de dinero son medios que puedes usar para obtener dinero para la inversión inmobiliaria.

La verdad es que sí, el dinero es importante y debes tenerlo para cubrir las contingencias, pero no necesitas ser rico para empezar a invertir en bienes raíces.

2. Deberías concentrarte en conseguir las propiedades más baratas que puedas encontrar.

Las propiedades baratas pueden ser un buen negocio, pero también pueden ser una pesadilla. La verdad es que las propiedades más baratas vienen con muchos problemas ocultos de los que inicialmente no serás consciente. Cuando consigues una propiedad que parece barata, ten cuidado.

La cuestión es que la propiedad barata puede parecer buena, pero el trabajo requerido puede ser mucho. Para que la propiedad esté presentable, estas propiedades suelen necesitar arreglos importantes y lo que usted descubrirá es que eventualmente tendrá que gastar más tiempo y dinero.

Si la propiedad está en un mal lugar, la pérdida será aún peor. Así que, como ves, lo barato no es siempre el verdadero negocio. Es más probable que tengas problemas con las propiedades baratas. Y eso no es bueno para tu flujo de efectivo. A largo plazo, entonces, estarás de acuerdo en que no te estás haciendo ningún bien comprando propiedades baratas.

3. Necesitas tener un buen crédito para invertir en bienes raíces.

Aquí hay otro mito sobre el dinero en la inversión inmobiliaria. La verdad es que no se necesita un buen crédito para invertir en bienes raíces en absoluto. Ya no tienes que depender de tu crédito para tener acceso a fondos para invertir en bienes raíces. La financiación alternativa como los préstamos privados o la asociación con otros inversores que tienen buen crédito son mejores opciones que puedes buscar.

También puedes participar en la financiación colectiva mientras trabajas en tu crédito. Sin embargo, olvida que necesitas tener un buen crédito para invertir en bienes raíces. Hay muchos inversionistas de bienes raíces que están luchando con el crédito y los recursos limitados, y sin embargo están invirtiendo en bienes raíces.

4. No importa lo que hagas, al principio perderás dinero.

De nuevo, esto no es exactamente cierto. No tienes que perder dinero si tu juego de riesgo calculado se juega bien. Hay muchos riesgos en los bienes raíces, pero aquí están las buenas noticias; a diferencia de los precios del oro o las acciones, su inversión está bien dentro de su control. No estás adivinando o esperando que las cosas vayan bien, sabes que lo harán.

Sin embargo, hay casos en los que puedes tomar decisiones equivocadas y el resultado te lleva a tener problemas, pero eso es parte de tu formación y educación. Además, cuanto más te eduques, más podrás calcular los posibles riesgos.

Debes estar pensando ahora: ¿cómo es posible no perder dinero como principiante? Y la respuesta es que todo lo que necesitas hacer es hacer bien tus deberes. Haciendo eso, casi tendrás una garantía de que no se perderá dinero.

5. **Reducir los costos debe ser su prioridad si quiere maximizar su flujo de efectivo**

Tienes que tener cuidado aquí. En el negocio inmobiliario, la frugalidad y la gestión inteligente del dinero son importantes. Sin embargo, no quieres reducir los costos a expensas del valor de tu propiedad a largo plazo.

A algunos inversores inmobiliarios, especialmente los nuevos, les gusta hacer arreglos rápidos que fracasan. En la medida de lo posible, asegúrese de reparar las cosas de la manera correcta desde el principio, incluso si cuesta más. Y si necesitas trabajadores en tus propiedades, asegúrate de buscar gente calificada y confiable.

El punto es: no cortes las esquinas. Necesitas saber dónde se deben aplicar los recortes de gastos y cuándo no. Sepa eso y le irá bien en cualquier negocio.

El objetivo de los inversores en bienes raíces es obtener beneficios, por lo que no es raro encontrar muchos problemas en torno al dinero. Algunos de estos problemas son mitos o conceptos erróneos que han existido por años. Al final, usted descubrirá que muchos de estos conceptos erróneos vinieron de pensamientos e ideas que no fueron completamente pensadas.

Ahora que hemos examinado estos mitos que rodean a la inversión en bienes raíces y hemos descubierto cómo evitarlos, ¿no cree que deberíamos empezar a hablar de qué hacer para invertir con sabiduría y tener la mentalidad de un inversor millonario? Bueno, hagamos eso.

CÓMO DESARROLLAR LA MENTALIDAD DE UN INVERSOR MILLONARIO

Te des cuenta o no, la creación de riqueza financiera se trata de crecimiento personal. Lo que descubrirás es que si realmente quieres ser financieramente libre, tienes que adquirir nuevas habilidades y una gran sabiduría. También es cierto que para que disfrutes del crecimiento de tu fortuna por mucho tiempo, necesitas crecer personalmente. Y te darás cuenta, si no lo has hecho ya, que la libertad financiera llega cuando te olvidas de trabajar para vivir y empiezas a vivir para el trabajo de tu vida.

Para entender mejor cómo funciona el dinero y cómo puedes alcanzar la libertad financiera, debemos examinar la mentalidad de los inversores inmobiliarios millonarios. Tenemos que averiguar qué piensan sobre el dinero y cuál es su motivación para buscar la riqueza financiera para poder descubrir cómo lo lograron.

Si se puede comprender plenamente, entonces se está en el camino correcto hacia la libertad y se puede comenzar el viaje que lo convertirá en un inversionista millonario.

Para desarrollar la mentalidad de un inversor millonario, debe entender cómo piensan otros inversores millonarios y cómo utilizan su tiempo en primer lugar.

Ya sea que pienses en grande o en pequeño, se necesita casi el mismo tiempo y energía. La diferencia está a menudo en el resultado que sigue. Por lo tanto, si decides empezar a pensar como un inversionista millonario o no depende únicamente de ti.

Si quieres escalar, debes hacer una pausa y escuchar las palabras de las personas que se han adelantado a ti. Estoy hablando de aquellos que han trabajado en este camino, se convirtieron en verdaderos inversionistas millonarios, y también alcanzaron la libertad financiera.

Hay dos formas principales, identificadas aquí abajo, que te harán tener la mentalidad de un inversionista millonario. Es hora; vamos a examinarlas.

1. Un gran por qué

Si no lo has hecho antes, deberías empezar ahora; sigue las vidas de las personas exitosas. Lea artículos de noticias o biografías y vea la documentación sobre sus vidas y descubra cuál es el patrón que los lleva a sus logros que es común a todos ellos. Estoy convencido, sin duda, de que descubrirán que lo que es común a todos ellos es simplemente una fuerte voluntad de éxito.

Todas las personas exitosas han descubierto que tienen una razón convincente y personal para tener éxito. Y eso es lo que se llama un Gran Porqué. La motivación es muy importante para tener éxito y no importa de dónde venga.

Esta motivación viene de diferentes áreas y sale por varias razones. Algunas personas están muy interesadas en tener éxito por el deseo de liberarse de sus trabajos, lograr la auto-actualización o simplemente tener mejores opciones en su vida. Están impulsados por un Gran Porqué.

Si quieres tener éxito también, entonces debes seguir sus pasos. Tu vida se definirá y redefinirá en formas que nunca imaginaste. Sin embargo, para calificar como un Gran Porqué, necesitas tener una motivación lo suficientemente fuerte para impulsarte de la fase de pensamiento a la fase de actuación. He aquí una trampa; una vez que seas capaz de dejar de pensar en el éxito como algo que quieres conseguir y empieces a sentirlo como algo que no sólo necesitas sino que tienes que conseguir, te encontrarás en tu viaje hacia el éxito.

La pregunta que debes hacerte es si estás conectado a tu Gran Porqué. También necesitas saber si estás aprovechando la energía que puede traer a tu vida. Tómate un momento para reflexionar sobre cuál es tu mayor motivación. Escribe las cosas en tu vida que te motivan más. Ve más allá de las metas materiales. Escribe tus pensamientos.

Con suerte, después de pensar cuidadosamente y tomarte tu tiempo, podrás escribir que estás interesado en obtener riqueza financiera. Una cosa buena de un Gran Porqué es que te permite tener un enfoque claro. Cuando dices que sí a una cosa, estás diciendo directamente que no a cualquier otra cosa que pueda interponerse en el camino de tu éxito.

Por ejemplo, si persigues la libertad financiera, sabrás que los gastos excesivos no pueden ser parte de tu actitud ya que van en contra de tu objetivo a largo plazo. Un Gran Porqué trae una enorme resistencia y un increíble poder a tu enfoque financiero. Y, como descubrirás, el éxito financiero requiere eso.

2. Piensa en grandes metas

Es prácticamente imposible llevar una gran vida sin pensar en grande. De hecho, lo que descubrirás es que la vida es demasiado grande para pensar en pequeño. Si quieres superar a tus compañeros y convertirte en un inversor millonario, tienes que pensar en grande. Esa es la clave fundamental para ganar.

A pesar de la importancia de pensar en grande, pronto descubrirás que para vivir una gran vida, debes acompañar tu gran pensamiento con grandes metas, grandes modelos y grandes hábitos. Sin todo esto, tu gran pensamiento no será más que un deseo.

Todas las grandes personas en las que puedes pensar tienen unas cuantas cosas en común y asociar su pensamiento con acciones es la principal. Se vuelve imprudente no seguir los pasos de estas grandes personas que se han esforzado por despejar el camino y mostrar el camino correcto.

Como hemos discutido en el punto anterior; el Gran Porqué es realmente importante. Entender el Gran Porqué te da una imagen de tu destino, y el desafío está en encontrar el mejor camino para llegar allí. Y ahí es donde entran en juego los Grandes Objetivos y los Grandes Modelos.

Con las Grandes Metas intactas, puedes reafirmar específicamente cuál es tu Gran Porqué. Y los Grandes Modelos son los pasos y sistemas que te llevarán a esas Grandes Metas. Así que, este es el punto; un inversor con una mentalidad de millonario tiene dos objetivos. El primero es establecer los Grandes Objetivos y el otro es adquirir Grandes Modelos.

Sin embargo, hay que tener cuidado con el pensamiento a corto plazo. Por ejemplo, si tu objetivo es tener libertad financiera, entonces tienes que declarar cuidadosamente qué cantidad pretendes tener en un determinado momento y cómo planeas ganar esa cantidad de dinero. Eso es porque cuando empiezas a encontrarte en una caja mejor de donde solías estar, empiezas a perder la guardia.

Si empiezas a seguir los grandes modelos de los inversores inmobiliarios millonarios, verás que tus actividades diarias empezarán a parecer cada vez más ambiciosas.

Capítulo 4:

La importancia del "saber hacer" como prioridad para el éxito

Hasta hace unos años, el mundo de las inversiones inmobiliarias era considerado un mercado "para unos pocos". No podías entrar fácilmente en él a menos que tuvieras grandes sumas de dinero para invertir y buenos conocimientos. Yo mismo, de joven, tuve que hacer un gran aprendizaje como agente inmobiliario para conocer la dinámica de este entorno antes de empezar mi carrera, que ya lleva más de 10 años, como inversor inmobiliario. Puedo garantizar que en ese momento no fue fácil. Nunca he tenido a nadie que me enseñara a hacerlo, así que sólo había una manera de aprender. Por suerte, hoy las cosas han cambiado. La Internet está ahora al alcance de todos, y hay mucho material completamente gratuito disponible para los que entran en este mundo.

¿Podrías llegar a ser un perfecto fontanero viendo los videos tutoriales en YouTube? Puede que te rías del ejemplo trivial, pero el proceso de aprendizaje es el mismo para todas las personas, en cualquier área. La respuesta a esta pregunta, sin embargo, es sí! ¿Pero después de cuánto tiempo y después de cuántos errores podrás llamarte un VERDADERO fontanero? Probablemente después de varios años y, con toda sinceridad, después de todos los errores que has cometido, dudo que tengas una multitud de clientes o empresas de construcción detrás de la puerta que quieran contratarte! Bueno, puedo garantizar que lo mismo se aplica al sector de la inversión inmobiliaria. Algunos podrían incluso ser capaces de cerrar algunas operaciones rentables, si tienen en su poder buenas sumas para invertir y con buenos conocimientos, pero sin la ayuda de una persona que ya ha pasado por ello y que ya ha experimentado muchos errores en su propia piel, se convierte en algo bastante arriesgado. El mundo de las inversiones inmobiliarias está lleno de oportunidades, pero también de trampas; se necesitan conocimientos en diferentes áreas y si no se presta atención lanzándose "a ciegas", se corre el riesgo de perder el dinero (en el mejor de los casos) o peor, ¡el dinero de otra persona!

El 97% de los inversores fracasan o pierden dinero en sus inversiones.

¿Por qué? Simple, porque casi todo el mundo quiere ganar mucho, en poco tiempo, con el menor esfuerzo posible y sin tener ningún tipo de competencia. El DINERO REAL en este tipo de actividad sólo llega después de un entrenamiento adecuado y después de una buena dosis de experiencia de campo. Si esperas enriquecerte quedándote en el sofá, puedes volver a los cursos mágicos de cómo enriquecerte en dos semanas sin esfuerzo y sin dinero.

Hacer inversiones en bienes raíces es muy serio!

¿Quieres saber qué se siente cuando pierdes tu dinero o, peor aún, el de los demás? Sentí estas sensaciones en mi piel cuando empecé, por desgracia, sin que nadie me dijera cómo hacerlo. Nunca olvidaré ese período de mi vida, y no desearía nada como esto ni siquiera a mi peor enemigo! La frustración de haber trabajado durante meses sin ganar un dólar, pero habiendo perdido muchos más, se ha extendido a mi forma de trabajar, a mi entusiasmo, e inevitablemente a mi vida privada. Por no hablar de las relaciones completamente rotas con los agentes inmobiliarios, otros profesionales del sector y, sobre todo, con los socios capitalistas que habían invertido conmigo.

Afortunadamente, esos periodos oscuros han terminado, y actualmente tengo un equipo de profesionales e inversores por todas partes con los que he estado haciendo inversiones EXCLUSIVAMENTE RENTABLES durante más de 30 años, y he construido una importante cartera de propiedades de renta que me permite vivir de la renta. Todo esto, sin embargo, no vino sin esfuerzo. El verdadero éxito llega cuando se pasa a la acción después de un aprendizaje frecuente.

Tener un mentor que te guíe en el camino es la clave para acelerar drásticamente los resultados y evitar mucho dolor. Nadie debería experimentar lo que yo sentí, no sólo por el dinero, sino sobre todo porque nuestros errores siempre tienen repercusiones inevitables en la gente que nos rodea.

Ahora puedes invertir de forma segura, incluso si no tienes suficiente dinero. Después de obtener las habilidades adecuadas, todo resulta fácil porque habrá alguien que te mostrará el camino correcto, explicándote los escollos ocultos en el camino y las habilidades que debes desarrollar absolutamente antes de comenzar una carrera llena de recompensas personales y, sobre todo, económicas. Estos son los resultados de aquellos que han decidido convertirse en inversores inmobiliarios SAFE.

Para aquellos que no entienden bien la esencia de este proceso, vamos a explicarlo mejor. Una inversión es el uso de efectivo temporalmente gratuito de tal manera que se obtiene un beneficio. En otras palabras, las inversiones inmobiliarias son inversiones en la compra de objetos residenciales o no residenciales. Se supone que como resultado de dicha compra, el inversor aumentará sus ingresos o al menos multiplicará la cantidad gastada. Al mismo tiempo, el objeto comprado debe tener una gran liquidez (la capacidad de convertir rápidamente en términos monetarios; en otras palabras, es la capacidad de vender rápidamente y a un precio elevado el objeto). Si se cumplen todas las condiciones anteriores, se considera que la experiencia de inversión ha sido exitosa y se ha alcanzado el objetivo.

Hoy en día, la inversión es toda una institución con una justificación científica y docenas de estrategias desarrolladas. Utilizando una de ellas, o desarrollando una propia, se puede convertir la cantidad habitual de dinero en una fuente de ingresos constantes.

Capítulo 5:

Formas de invertir en bienes raíces

Dónde empezar a invertir

Primero, necesitas tener a mano una cantidad de dinero suficiente para invertir en bienes raíces. ¿Por qué los préstamos y empréstitos para estos propósitos son una mala idea? Porque es difícil garantizar un ingreso regular de tales inversiones. También pueden ocurrir gastos concomitantes, y ya tienes una carga crediticia. Es óptimo tener en stock toda la cantidad necesaria para la inversión. Después de decidir el tamaño de su inversión, debe elegir el área en la que quiere obtener beneficios. En el sector inmobiliario, estas áreas se utilizan para hacer una elección que le convenga y para ayudarle a no cometer errores. El concepto de bienes raíces incluye muchas categorías de ingresos. Invertir en cada una de ellas tiene sus características individuales, y son muy diferentes en cuanto a la participación del inversor y el importe de la remuneración. Nos ocuparemos de las principales:

Inversiones residenciales

La mayoría de los potenciales inversores suelen considerar esta opción. Parece la más tentadora y asequible para ellos. Puede pensar en un ingreso constante alto, pero ¿qué hay de los costos? "Sí, no hay ningún coste aparte de la compra", piensan. Después de todo, la carga de pagar los servicios comunitarios recae en los inquilinos de tales apartamentos. Y usted vendrá una vez al mes para tomar su dinero. En realidad, el panorama puede ser completamente diferente. Cuando se consideran los bienes raíces residenciales para inversión, es importante separar los conceptos de vivienda primaria y secundaria. Cada uno de ellos tiene sus propias características a la hora de comprar o vender. Para estos dos tipos de vivienda, la demanda y la liquidez también son diferentes.

Ventajas de las inversiones en viviendas en el mercado secundario:

- Consigues un apartamento, listo para futuras acciones, con decoración y más;
- Puedes alquilar un apartamento. Los inquilinos pagarán la mayor parte de los costos asociados con el mantenimiento del apartamento;
- Un apartamento puede ser vendido rápidamente y de manera rentable si es necesario. Y casi seguro que ganará más de lo que gastó en la compra;
- Puedes hacer un reembolso de impuestos de parte de la cantidad gastada, lo que también puede ser un agradable bono a tus ingresos.

Desventajas de invertir en viviendas terminadas:

- El mercado está sobresaturado, encontrar residentes no es fácil;
- Encontrar inquilinos es aún más difícil;
- Para alquilar una vivienda, es necesario comprar muebles y electrodomésticos;
- Los inquilinos pueden dañar el interior del apartamento, y de nuevo hay que hacer reparaciones o comprar muebles;
- Muchos prefieren comprar nuevos apartamentos;
- Debido a factores externos y a la abundancia de nuevas construcciones, el costo de la vivienda en el mercado secundario puede disminuir considerablemente a lo largo de los años;
- Si no planea alquilar el apartamento comprado, entonces tendrá que pagar impuestos, tasas y facturas de servicios públicos usted mismo. Sin embargo, usted pagará el impuesto de bienes raíces en cualquier caso, independientemente de la presencia o ausencia de inquilinos.

Propiedad residencial

En cuanto a la vivienda en el mercado primario, se pueden elegir diferentes estrategias para invertir en ella. Una de ellas es la compra de viviendas en la etapa de excavación.

Una inversión muy rentable, pero al mismo tiempo muy arriesgada. Todo depende de la integridad del promotor.

- En la etapa de excavación, el costo de los apartamentos es mucho menor que el de sus contrapartes terminadas;
- De acuerdo con los resultados de la construcción, se obtiene un apartamento completamente nuevo.
- El promotor puede quebrar, perder la licencia y huir con su dinero mucho antes del final de la construcción;
- Si el apartamento es alquilado, todavía tienes que repararlo y terminarlo. Y esto también es un costo;

La segunda opción es concluir un acuerdo de participación compartida en la construcción y comprar un apartamento en una casa de alto grado de preparación. Estas inversiones difieren de la compra en la etapa de excavación. Algunos riesgos aumentan, otros, por el contrario, desaparecen.

Un hogar en un nuevo edificio

Cuando se compra un apartamento en una propiedad con un alto grado de preparación, la posibilidad de tener que esperar menos tiempo para la finalización de la construcción y para poner la casa en funcionamiento es muy alta;

- Un apartamento costará un poco más barato que uno similar en casas que ya están alquiladas, pero será más caro que las que aún no han sido construidas.

- Si compró un apartamento al promotor para venderlo en el futuro, el estatus de la vivienda cambiará de "primaria" a "secundaria". Y muchos están ansiosos por comprar una vivienda en el mercado primario, ya que este procedimiento proporciona hipotecas preferenciales y la posibilidad de solicitar una deducción fiscal por la decoración de la casa.

Para beneficiarse del apartamento adquirido, antes de comprarlo, es aconsejable explorar algunas de las condiciones relacionadas. La liquidez de la propiedad, la demanda de los inquilinos y el crecimiento (o caída) de los precios a lo largo de los años dependerá de ellas. Todo es muy importante, ¡incluso si no aparece!

- El apartamento debe estar ubicado en una buena zona

- El apartamento tiene que ser planeado convenientemente: balcón, habitaciones de buen tamaño, baños y todo en su correcta ubicación.

- El apartamento debe tener tal vez aire acondicionado, y preferiblemente una hermosa vista desde la ventana.

Inversión en bienes raíces comerciales

Son edificios en los que se pueden colocar almacenes, oficinas, salas de comercio, salones de belleza, etc. Entrar en este mercado es mucho más caro que comprar un apartamento residencial. Pero los ingresos recibidos pueden ser mucho más altos. Las empresas y organizaciones industriales están creciendo y desarrollándose activamente en el país. Y siempre necesitarán habitaciones para trabajar cómodamente. No todos los empresarios pueden comprar una oficina o un almacén, pero el alquiler está al alcance de todos los que lo necesitan y están haciendo negocios.

Inversiones comerciales

Los pros de alquilar bienes raíces comerciales:

- Alta demanda de espacio para oficinas y almacenes;
- Mayores ingresos por alquiler en comparación con los apartamentos residenciales;
- El inquilino equipa el local de forma independiente a sus necesidades.

Contras de alquilar bienes raíces comerciales:

- Impuestos elevados sobre los locales no residenciales;
- Importante inversión inicial;
- La posibilidad de un largo tiempo de inactividad de la propiedad;
- La necesidad de contratar a un contador para que se ocupe del aspecto financiero del asunto. Debes calcular y pagar correctamente el impuesto sobre la renta de alquiler.

Propiedad fuera de la ciudad (casa de campo y pueblo)

Si se compra una casa de campo para su posterior alquiler, entonces hay que tener en cuenta alguna de las cuestiones que caracterizan el trabajo con este tipo de bienes inmuebles. Por ejemplo, encontrar una familia para vivir permanentemente durante todo el año en una casa de campo no es tan rápido y fácil. Alternativamente, se puede alquilar una casa de campo para las vacaciones, pero esto también requiere cierta publicidad y actividad. Por lo tanto, las ventajas con respecto a estos dos primeros tipos de inversiones son pequeñas, y las desventajas suelen ser más significativas.

Pros:

- Bajo costo de las inversiones;
- Bajo impuesto sobre la propiedad debido a que el objeto está fuera de los límites de la ciudad.

Contras:

- No hay garantía de un ingreso estable. En general, no hay garantía para ningún tipo de inversión, pero las casas de campo son las favoritas en este sentido.
- Es esencial equipar la casa de campo con todos los atributos necesarios para vivir cómodamente;
- Aunque no haya inquilinos, en invierno la casa debe ser calentada y vigilada (los ladrones suelen cazar en las casas de verano);
- Para que el alquiler sea rentable, se requiere accesibilidad al transporte, tanto público como personal. Básicamente, los caminos y el acceso a la casa deben estar en buenas condiciones.

Por supuesto, con el tiempo, una casa comprada puede crecer en precio, y entonces el inversor seguirá recibiendo un ingreso positivo al vender la propiedad. Pero todavía hay riesgos que incluyen la pérdida de la propiedad y no tienes la capacidad de controlarlos. Por ejemplo, puede ocurrir un incendio. Las autoridades pueden decidir poner una autopista a través de su casa de campo y retirar la tierra para las necesidades del estado. O podrían decidir construir un vertedero no muy lejos de la propiedad, y entonces la adquisición se depreciará bruscamente. Por lo tanto, esta podría ser una inversión muy inestable.

Hotel y negocios

Algunos inversores creativos están considerando invertir en el negocio hotelero. No, no nos referimos a comprar una participación en una cadena de hoteles famosos (aunque esto también es una inversión). Nos referimos a la compra de inmuebles residenciales (casas o apartamentos) y la conversión en pequeñas habitaciones para estancias cortas. Este tipo de negocio está muy desarrollado en nuestras ciudades turísticas. En las capitales, los hostales son también una opción válida.

Inversiones en hostelería

Pros:

- Alta rentabilidad debido al constante flujo de clientes;
- Para un buen beneficio no es necesario que todas las camas estén constantemente ocupadas;

Contras:

- Alta inversión original para adquirir la propiedad. Dado que el arreglo de hoteles y hostales está prohibido por la ley en los apartamentos residenciales, tendrá que transferir el apartamento a un estatus no residencial o comprar inmediatamente una propiedad comercial;

- Altas inversiones en buenas reparaciones y en la compra de muebles esenciales;
- Mantener la situación interna en el nivel adecuado;
- Publicidad activa para ocupar constantemente el mayor número de habitaciones posible;
- Es necesario registrar al empresario individual y asumir todos los costos asociados con esto - estados financieros, impuestos, etc.

Invertir en bienes raíces en el extranjero

Hay una cierta proporción de inversores que consideran la compra de un apartamento en otros estados una buena inversión que podría generar un ingreso considerable. Actualmente, este tipo de actividad se está desarrollando rápidamente.

La inversión extranjera

Pros:

- En algunos países, durante la temporada de vacaciones se pueden obtener altos ingresos por el alquiler de propiedades;

- Parte de la propiedad puede ser alquilada durante todo el año;
- Puedes obtener un ingreso pasivo al firmar un acuerdo con una agencia inmobiliaria. La empresa buscará inquilinos y se ocupará de su liquidación. Se le dará una parte de los ingresos del alquiler. El agente inmobiliario dejará el resto para sí mismo. Los ingresos bajo este esquema son bastante altos;
- Una amplia gama de inversiones financieras. Puedes comprar un apartamento y una villa dependiendo del tamaño de la inversión.

Contras:

- No en todos los países hay inmuebles disponibles para la venta a extranjeros;
- Para entender lo que está sucediendo, debes al menos hablar inglés con fluidez. Es aconsejable conocer el idioma del país en el que se planea la compra;
- No se entienden las complejidades legales de otro estado. Para ello, tendrá que contratar un abogado o estudiar cuidadosamente el idioma;
- Tiene que visitar el país por lo menos una vez y planear todos los gastos asociados con el viaje - visado, vuelo, alojamiento, etc.

La tierra

También están relacionados con los bienes raíces y pueden ser vendidos, comprados y arrendados.

- Velocidad de ejecución;
- Bajo costo (en relación con los bienes raíces);
- Falta de necesidad de reparación y servicios públicos;
- Se puede hacer un trato sin la participación de intermediarios debido a la simplicidad del registro.
- Después de la compra, la tierra debe ser utilizada para su propósito previsto, y esto es un costo adicional (procesamiento agrícola, construcción de una casa, etc.);
- El impuesto sobre la tierra ha crecido recientemente y planea crecer aún más;

Comprar plazas de aparcamiento

Una inversión muy rentable para los residentes de las megas ciudades. Siempre se necesitan espacios de estacionamiento en los nuevos edificios. El flujo de personas que desean alquilar un espacio de estacionamiento en la casa nunca se agotará. Todas las inversiones se amortizarán en un corto período de tiempo. Cierto, algunos promotores venden plazas de aparcamiento sólo a los propietarios de los apartamentos de la casa. Pero si has comprado un apartamento en un edificio nuevo y todavía tienes una cierta cantidad de dinero, también puedes comprar un par de plazas de aparcamiento más de las que necesitas. Esto te proporcionará un ingreso pasivo constante. Al mismo tiempo, los gastos adicionales en este tipo de actividad no son necesarios.

El problema es que el FII no es un ingreso fijo. En caso de una crisis económica, financiera o inmobiliaria, es mejor tener una propiedad física a tu nombre que acciones en un fondo administrado por un tercero. Incluso puedes invertir directamente en bienes raíces. Puedes formar un grupo de amigos y familiares para emprender en este sector. Incluso escuchando los rumores inmobiliarios, debes prepararte para ir de compras si los precios caen. Las caídas generan grandes oportunidades de compra. La inversión inmobiliaria ofrece numerosas ventajas y oportunidades para que los inversores puedan elegir.

1. Invertir en la tierra

Este es un gran generador de riqueza. Invertir en una tierra que está al lado de un gran capital es un valor garantizado a largo plazo. Esto se debe a que las ciudades se están expandiendo horizontalmente a un ritmo acelerado. También hay varias maneras de invertir y beneficiarse de la tierra a corto y medio plazo. Muchos condominios de lujo se construyen en verdaderos pantanos, terrenos inundados alrededor de estanques que no tendrían ningún valor a los ojos de una persona común.

2. Invertir en bienes raíces en la planta

En los últimos cuatro años, mucha gente compró bienes inmuebles en la planta pagando sólo el 20% o 30% de su valor para revenderlos 1 o 2 años después del comienzo de las obras con enormes ganancias. Esto es posible gracias a una técnica que permite multiplicar la rentabilidad a través del endeudamiento. Es necesario saber evaluar correctamente la propiedad.

3. Invertir en inmuebles usados

Es en el barro donde podemos encontrar diamantes. En este momento, miles de propiedades usadas están varadas en bienes raíces. Estamos hablando de apartamentos y casas despreciadas por el consumidor final. Un inversor preparado es capaz de identificar estas oportunidades, pulir estas propiedades, y luego venderlas con enormes ganancias a corto plazo.

4. Invertir en propiedades de alquiler

El secreto del alquiler está en la correcta elección de las propiedades. Hay grandes oportunidades en diferentes segmentos, como propiedades populares, pisos, habitaciones comerciales, tiendas, almacenes, casas de vacaciones y hoteles. Es importante conocer cada uno de estos negocios. La mejor opción de inversión en alquiler puede depender de las características de la ciudad en la que se vive y de su perfil de inversor.

5. Construir bienes raíces para vender o alquilar

Aquí tenemos otra forma de multiplicar los activos. Cuando compras una propiedad terminada, pagas el costo de la construcción y la ganancia de quien la construyó. Y créame, este beneficio es absurdamente alto. Conozco a un pequeño comerciante que, antes de retirarse, compró un terreno en un barrio pobre de la ciudad. Construyó una propiedad de tres pisos con nueve pequeños apartamentos. Invirtió 500 mil dólares en el terreno y en la obra.

Antes de que las obras terminaran, ya había alquilado los nueve apartamentos por 560 dólares cada uno. Logró una gran jubilación. La inversión garantiza un rendimiento superior al 1% mensual, y el edificio vale ahora más de un millón de dólares. Este tipo de inversión es ampliamente practicada por los inversores.

6. Invertir con seguridad

Invertir en bienes raíces puede ser arriesgado si no se invierte en conocimiento primero. Comprar una propiedad no es como comprar un coche en un concesionario. Las grandes empresas del mercado están involucradas en casos de falta de respeto al consumidor. Y lo que más genera estos problemas es la falta de información. Hoy en día, obtener información es más barato que antes, y usted debe estar muy informado antes de empezar a invertir.

7. El valor de una propiedad depende de su uso

Hay muchas propiedades cerca de usted que están siendo subutilizadas. Hay propiedades residenciales que son malas inversiones si se compran con fines residenciales y grandes si se convierten en propiedades comerciales. La situación opuesta también puede ocurrir. Un inversor informado y preparado es capaz de identificar este tipo de oportunidad que es difícil de percibir para el consumidor medio.

8. Invertir es posible incluso con poco dinero

No necesitas tener mucho dinero para invertir en bienes raíces. Incluso hay quienes invierten en bienes raíces sin tener dinero gracias a un consorcio. El uso del apalancamiento en la adquisición de lotes como condominios y propiedades en la planta es una gran estrategia para diversificar sus inversiones en la inmovilización de mucho dinero.

9. Invertir usando la razón, no la emoción

Mientras que la mayoría de la gente compra bienes raíces impulsada por el impulso, visual y sentimental, un inversor experto trabaja racionalmente. Los inversores se especializan en convertir la tierra desbordada en un pedazo de paraíso. Para un inversor preparado, no hay ninguna propiedad mala, no importa si está dentro de un tugurio o en el barrio más elegante de la ciudad. Una buena propiedad para invertir no tiene que ser hermosa y bien ubicada; tiene que dar ganancias.

10. Formar un grupo de inversión

¿Tienes un amigo abogado? ¿Tienes otro amigo que sea ingeniero o arquitecto? ¿Entiendes de finanzas? ¿Por qué no reúnes a tus amigos y creas tu propio fondo de inversión inmobiliaria? Juntos pueden llegar a ser grandes y, en el mercado inmobiliario, esto puede marcar la diferencia. Hay grupos de amigos que se juntan para comprar negocios enteros a un precio de ganga debido a su poder de negociación. Otros prefieren unirse para construir y luego alquilar. Muchas subdivisiones, edificios comerciales y urbanizaciones son el resultado de inversiones de pequeños inversores. ¿Cuántas oportunidades ha perdido en su ciudad en los últimos años por falta de conocimiento?

Capítulo 6:

Cómo desarrollar criterios sólidos para identificar oportunidades

El número de nuevos inversores que descubren todos los beneficios del mercado inmobiliario y desean invertir su dinero de forma segura y rentable es muy grande. Sin embargo, saber cómo diversificar los negocios prometedores se convierte en un gran desafío.

Al analizar las propuestas existentes en el mercado, se puede encontrar una multitud de propiedades diferentes: apartamentos con propuestas modernas, propiedades universitarias, casas en ciudades turísticas, propiedades antiguas que necesitan renovación, entre muchas otras. Con todo este universo de posibilidades, tomar una decisión sobre dónde invertir su dinero crea mucha inseguridad. Después de todo, usted quiere asegurarse de que realmente está invirtiendo su dinero en una inversión que pueda generar buenos rendimientos en el futuro, ¿no es así?

Compara los precios de las propiedades

El primer factor que debe analizar para identificar una buena oportunidad de inversión inmobiliaria debe ser el precio de la propiedad. Este será el mayor gasto de su inversión, y todos los ingresos generados por el alquiler o la venta de esta propiedad se utilizarán para recuperar la inversión inicial. El ahorro en el momento de la compra puede aumentar drásticamente la rentabilidad de la operación.

Imagina que estás monitoreando los precios de los bienes raíces en una región y descubres un apartamento que es 20% más barato que los otros porque la compañía de bienes raíces que lo vende tiene la urgencia de obtener el valor en efectivo. En esta situación, este 20% de ahorro puede reflejar directamente el retorno de su inversión.

¿Pero cómo sabes si una propiedad está bien cotizada? En lugar de comprar una propiedad en la primera semana de investigación, puedes pasar dos meses sólo analizándolas. Después de ese período, seguramente sabrá cuando una propiedad está bien cotizada.

Analizar los costos de las inversiones inmobiliarias

No se engañe: el valor de la propiedad es el mayor gasto de su inversión, pero está lejos de ser el único gasto. Después de la compra de la propiedad, usted todavía tendrá que hacer frente a los costos con el registro de la propiedad, los impuestos, el mantenimiento, la limpieza, entre otros. Estos gastos también deben ser incluidos en su planificación para analizar la rentabilidad que la inversión inmobiliaria puede generar.

Este es un análisis que se vuelve aún más importante cuando compras una propiedad que tiene años de uso. En tales casos, es muy probable que tengas muchos gastos. Necesitarás reparaciones y mantenimiento para dejar el lugar en excelentes condiciones para que lo alquiles o lo vendas.

Evalúa el potencial de apreciación de la región

El precio es sin duda un aspecto esencial para determinar una oportunidad de inversión inmobiliaria. Pero el potencial de apreciación de la propiedad puede ser aún más importante en la rentabilidad generada por una operación en el mercado inmobiliario.

Es posible que haya dos propiedades que cuesten 350 mil dólares en diferentes regiones de la ciudad. Mientras que una de ellas sufre una pequeña devaluación a lo largo de los años, la otra puede valer 400 mil dólares después de dos años. En otras palabras, el precio inicial era el mismo, pero la rentabilidad de la operación ciertamente varía mucho dependiendo de la propiedad.

Precisamente por ello, los inversores inmobiliarios deben estar atentos a las regiones que tienen buenas perspectivas de apreciación, con el surgimiento de nuevos desarrollos, mayor circulación pública, mejor infraestructura, entre otros factores. Por otro lado, también es necesario prestar atención a las regiones que empiezan a mostrar signos de devaluación.

Alinear sus objetivos

Una buena oportunidad de inversión inmobiliaria para usted puede no ser considerada como una buena oportunidad para otro inversor. Por muy prometedoras que sean las condiciones, debe tener en cuenta cuáles son sus objetivos antes de solicitar su dinero.

Este es un tema que merece su atención debido a los riesgos que puede encontrar al huir de su objetivo. Si desea una propiedad de alquiler con contratos a largo plazo pero termina comprando una propiedad más rentable con alquileres a corto plazo, será esencial que disponga de un tiempo mucho más largo para atender a todos los visitantes, y la desorganización puede comprometer los ingresos que haya generado.

Busca información sobre el público

Imagina que encuentras un apartamento de cuatro dormitorios con precios muy atractivos, incluso menos que otros de tres dormitorios. Después de cerrar la compra de esta propiedad, usted decide ponerla a disposición para el alquiler. Sin embargo, pasan varios meses sin que pueda encontrar muchos interesados.

Hay que tener en cuenta que un apartamento de cuatro dormitorios tiene una demanda menor que los de uno, dos o tres dormitorios. Dependiendo de la región en la que se encuentre, la demanda de propiedades tan grandes puede ser muy baja. Así, una inversión que parecía muy prometedora puede convertirse en un gran dolor de cabeza.

Antes de comenzar su inversión inmobiliaria, es esencial que reúna información sobre el público que puede estar interesado en su alquiler o compra en el futuro. Cuanto más la propiedad sea capaz de satisfacer las necesidades del público, más fácil será cerrar buenos tratos - con la posibilidad de aumentar la cantidad cobrada.

Calcular la viabilidad de la financiación

Para los inversores que opten por la financiación en el momento de la compra, también es importante calcular con precisión todos los gastos que se generarán a lo largo de los años. Después de todo, el pago de las cuotas mensuales consume el rendimiento generado por la inversión.

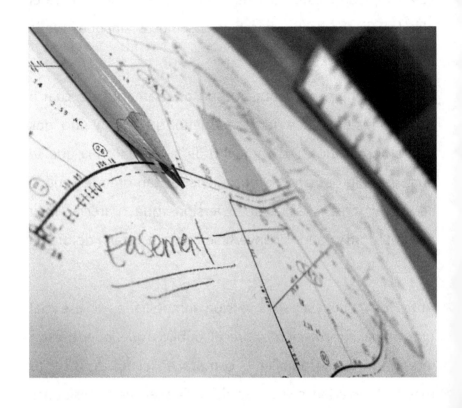

Capítulo 7:

Cómo atraer socios

Los aspirantes a inversores inmobiliarios a menudo se quejan de la falta de fondos como una empresa inmobiliaria. Tuve suerte porque empecé con un pequeño capital que me permitió hacer la primera operación de un estudio. Después de haber tenido esta propiedad, obtuve una hipoteca y luego liquidez, y a partir de ahí empecé a financiar mis operaciones, por lo que creé un proceso en el que tuve un poco más de suerte que aquellos que no tienen disponibilidad inmediata. Así que, veamos las tres formas más importantes de financiarse en su negocio como inversor inmobiliario:

Instituciones de crédito: Es la forma más fácil porque cuando necesitas dinero, vas al banco a pedirlo. Sin embargo, no todos los bancos financian a todas las personas. Por ejemplo, si uno va al banco y pide un préstamo para operar en el sector inmobiliario y el préstamo es denegado, puede poner su alma en paz. De hecho, los prestamistas prefieren financiar a ciertas categorías de personas, algunos empleados, otros profesionales, y hay prestamistas que tienen políticas diferentes. Un corredor de crédito que conozca a los prestamistas podría ayudarle en esto.

Parientes y amigos: También usé este atajo en el pasado con amigos o parientes muy cercanos. Si tienes parientes o amigos que pueden apoyarte, esta es una manera que puedes usar para obtener fondos.

Inversores de capital: He estado trabajando exclusivamente con ellos durante varios años. Estamos hablando de gente con un gran capital en el banco pero que no están satisfechos con él. Quieren acercarse al mundo de las inversiones inmobiliarias, pero no tienen tiempo ni habilidad. Algunos ejemplos podrían ser un médico o un dentista. La fórmula que he encontrado personalmente es muy práctica y conveniente: He elegido trabajar sólo con un inversor de capital, así que si tengo que hacer una operación de 100 mil dólares, elijo un único inversor de capital que pueda invertirlos, y él comprará la propiedad. Si acepta la propuesta, comprará la propiedad y pagará por la renovación, y yo, como consultor, seguiré todos los pasos, y él deduce las intervenciones que se hacen. Cuando un comprador compra la propiedad, siempre será el inversor de capital el que cobra la cantidad. Queda una cifra de beneficio neto que se reparte entre él y yo, siendo yo el que realizó la operación y emitió una factura de asesoramiento. Esta es una política que me gusta mucho, pero ¿cómo podemos llegar a ella? Actualmente tengo una lista de espera de personas que me han dado capital, pero no puedo satisfacer a todos. Para llegar a este punto hay que ser un inversor inmobiliario con práctica real, y, al principio, hay que utilizar los dos puntos anteriores, registrar las actividades que se realizan y crear una presencia propia en Internet. De esta manera los inversores verán tus negocios. Si quieres atraer a los inversores de capital, el proceso es largo, y debes comenzarlo de inmediato.

Obviamente, necesitas tener un capital suficiente o, mejor aún, debes poder ser financiado por los bancos. En primer lugar, se necesita una premisa. En efecto, es esencial distinguir entre los que quieren comprar una nueva casa para vivir allí solos, en pareja o junto con su familia y los que quieren comprar una propiedad para invertir su dinero, quizás revendiéndola, una vez renovada, a un precio más alto, o incluso buscar una renta fija mensual garantizada con la que contar, como la que podría derivarse claramente de un alquiler. Está claro que se trata de dos tipos de compras muy diferentes, que, por supuesto, implican estrategias distintas.

La gente tiende a pensar que cuando se invierte puede no haber dinero disponible, pero esto es una mentira. El dinero sigue estando ahí para todo el mundo, sólo hay que saber pedirlo de la manera correcta. Obtener la información correcta y el canal adecuado para prestar dinero es una herramienta muy importante en la inversión. Lograr encontrar las mejores tasas y las mejores oportunidades de crédito evaluando cada vez diferentes prestamistas y diversas propuestas es una clave importante para el éxito de un agente inmobiliario.

No hace falta decir que los bancos y las inversiones en bienes raíces van de la mano: en general, cualquiera que desee invertir en bienes raíces necesita financiación, e incluso aquellos que tienen su propio capital tienen una mayor conveniencia en pedir prestado al menos una parte del capital que necesitan para la operación. Teniendo esto en mente, veamos lo que necesitas entender y lo que necesariamente debes preparar antes de ir al banco a pedir dinero, si realmente quieres tener la oportunidad de conseguir fondos para el proyecto que tienes en mente.

Reglas si necesitas crédito de los bancos:

1. Quien desee invertir debe demostrar que es experto en su área y sector

En primer lugar, los que quieren hacer inversiones inmobiliarias deben inevitablemente ser, o convertirse, en "expertos" en su área: cada lugar tiene sus peculiaridades y sus clientes, lo que manifiesta requisitos específicos. En cada lugar, hay diferentes dinámicas para lo que concierne al mercado inmobiliario, y es esencial conocerlas a fondo antes de pensar en invertir y ganar!

La experiencia de la zona es, por lo tanto, estratégica, también desde el punto de vista bancario. Si es necesario entender exactamente dónde se quiere invertir, es igualmente importante saber cómo se mueve el área y el mercado de crédito de su zona. Sin embargo, una carrera inmobiliaria no puede crearse de la noche a la mañana. Lo más importante para un promotor inmobiliario es ser un verdadero profesional del sector: para poder obtener crédito de los bancos, ¡no se puede improvisar!

Para estar bien hecho, todo debe ser llevado a cabo con las habilidades necesarias por personas expertas y calificadas.

2. Preparar un plan de negocios detallado y veraz es fundamental

Hasta ahora sólo hemos hablado de la teoría, pero ahora seguramente se preguntará: en la práctica, ¿qué necesito para poder obtener crédito de los bancos? Obviamente, necesitará una herramienta muy fácil y básica, la que siempre hemos usado para todas nuestras inversiones: el Plan de Negocios. En este documento, básicamente, tienes que contar tu idea, convenciendo al lector de que la tuya es una inversión ganadora y muy segura, ya que está bien pensada en todos sus aspectos.

3. Pero qué es lo que no puede faltar en un plan de negocios?

En primer lugar, hay que presentarse, declarar quién es el que pretende hacer la operación inmobiliaria, explicar quién es usted, cuál es su profesión, de dónde viene, cuál es su experiencia en el campo, y también hay que especificar las empresas que pretende involucrar en la operación que propone. Los bancos no sólo se fijan en las garantías (¡ahora están llenos de propiedades que poseen y no saben qué hacer con ellas!), sino que quieren que la operación tenga éxito, y por eso se basan en gran medida en el historial personal y laboral del único empresario que va a solicitar un préstamo.

Su experiencia, su historia, sus negocios hablan por usted; ¡los hechos importan más que las palabras! Por esta razón, no aconsejaría a un novato que empezara en grande construyendo desde cero en una parcela. La credibilidad de la empresa es esencial y debe ser construida día a día.

Aquí, entonces, en el Plan de Negocios, tendrá que ilustrar todos los elementos que distinguen a su empresa, especificando bien cuál es su singularidad, lo que le hace diferente de los demás.

Por ejemplo, soy un apasionado promotor inmobiliario, y todo gira en torno a la casa para mí, incluso mi tarjeta de visita tiene forma de casa. Obviamente, no es ciertamente una tarjeta lo que hace la diferencia, pero la diferencia la hacen muchas cosas juntas que me distinguen en el territorio en el que opero: su marca, su historia y su singularidad son esenciales.

4. Por qué queremos ser dueños de esa operación inmobiliaria en particular?

En segundo lugar, por supuesto, tendrá que explicar las razones que le llevaron a elegir ese tipo particular de operación inmobiliaria: ¡tendrá que explicar por qué ha elegido esa zona en particular, por qué eligió esa zona en lugar de otra y por qué eligió esa propiedad en particular!

Es muy importante llevar a cabo una investigación de mercado precisa. Recuerde que no va a construir la casa de sus sueños: ¡no piense en cómo y dónde le gustaría! Tienes que hacer realidad el sueño de otra persona, pero para hacerlo debes entender primero si lo que crees que puedes conseguir puede ser realmente el sueño de otra persona, si hay alguien que está dentro de tu objetivo. Para hacerlo es esencial saber exactamente cuáles son los deseos de aquellos que viven o quisieran ir a vivir a ese lugar en particular.

Esto se hace a través de una investigación del área: hay que mirar alrededor, ver qué hay, cuáles son los tipos de vivienda más populares, qué otras obras de construcción están cerca, qué cortes proponen, qué tecnologías utilizan y, por supuesto, cuál es el precio medio por metro cuadrado de esa zona. Sólo de esta manera puede darse cuenta si lo que pensaba que estaba ofreciendo ya está presente y si es algo que le gustaría, o si, por el contrario, ya hay algo no vendido alrededor destinado al mismo objetivo. No hace falta decir que no debe pensar en construir estudios en una zona habitada principalmente por familias, así como en una zona donde viven estudiantes o solteros, ¡las pequeñas villas y apartamentos son más difíciles de vender!

¿Qué banco?

Las ideas no le importan a los bancos: ¡sólo les importan los datos y los números! Hoy en día, de hecho, aunque el mercado se está recuperando, el acceso al crédito para la construcción es difícil! Así que, más que en cualquier otro campo, es bueno saber lo que estás haciendo, y debes empezar, al menos, armado con las mejores condiciones.

Otra cosa a tener en cuenta: no todos los bancos pueden obtener crédito, ¡cada institución es diferente! Entonces, ¿cómo lo haces? Es necesario tener un profundo conocimiento del área, no sólo en términos de bienes raíces sino también en términos de crédito, para elegir una institución que tenga ciertas características: ¡debes elegir el banco que pueda darte exactamente lo que estás buscando!

Recuerde, sin embargo, que hoy en día cualquier banco logra tener todos sus datos disponibles; por lo tanto, no es prudente jugar con sus números, lo que usted escribe en el Plan de Negocios debe ser real y refutable. Hay instituciones más lentas y engorrosas con las que es más difícil dialogar y trabajar, también porque ya se sabe, a priori, que no les gusta invertir en el sector inmobiliario. Será inútil perder el tiempo consultándolas.

En el sector inmobiliario, la puntualidad es muy importante. Por lo tanto, debe ser capaz de elegir un socio local que esté interesado y sea rápido. El objetivo principal de cualquier inversión inmobiliaria, por supuesto, es crear rentabilidad en la operación, y el banco debe saber que este margen de beneficio existe y debe ser claramente cuantificado.

Las alternativas: ¿por qué poseer esta inversión?

El Plan de Negocios debe ser utilizado para eliminar cualquier duda del banco sobre la inversión que pretende hacer y debe ser capaz de responder a todas las posibles preguntas que puedan hacer, todas las dudas, preocupaciones y objeciones al respecto, sin siquiera tener que manifestarlas. Obviamente, todo debe estar claramente documentado!!! No hay teoría, sólo práctica, y números reales!!!

En un tiempo, los prestamistas sólo miraban las garantías que usted podía ofrecerles; hoy en día, en lugar de garantías (que siguen siendo importantes, pero ya no tan fundamentales), el banco está interesado en estar seguro de que recuperarán el dinero que prestaron. El hecho de poder tener una hipoteca sobre una propiedad no les interesa! Actualmente, los bancos tienen tantas propiedades con hipotecas que no pueden revender, y no saben qué hacer con ellas, ¡que ciertamente no quieren más! El banco sólo trabaja con el inversor si tiene un buen margen de seguridad, por supuesto!

1. **Además del plan de negocios, también se necesita un plan de tiempo preciso**

Es evidente que, además del Plan de Negocios, es esencial tener las ideas claras también como el aspecto logístico y de construcción naval del trabajo. Es esencial establecer una fecha de inicio y, al mismo tiempo, una fecha de finalización. La línea de tiempo es muy importante porque, de hecho, permite al banco saber cuándo puede recuperar su dinero.

Por lo tanto, es necesario hacer una predicción y elaborar un calendario bastante preciso de las obras. Hay que tener siempre en cuenta que pueden ocurrirle toda una serie de acontecimientos inesperados. En las transacciones inmobiliarias, pueden ocurrir desgraciadamente acontecimientos inesperados, que pueden ser pocos o muchos y más o menos grandes, desde el momento en que se compra un terreno o una propiedad para ser remodelada hasta la venta de los apartamentos terminados y a veces incluso después. Incluso en este caso, lo ideal sería poder concluir siempre la transacción inmobiliaria junto con el final de la obra, vendiéndolo todo sobre el papel. ¡Pero hoy en día no es tan sencillo! Cuando se compra una casa, hay mucho dinero en juego, y la gente tiene miedo y no quiere arriesgarse, aunque hoy en día los bancos y las garantías de los seguros aseguran al comprador y la Ley 210 protege el compromiso y los depósitos!

2. El análisis FODA

Después de la línea de tiempo, es esencial enfrentarse al llamado análisis SWOT. Se trata de un instrumento de planificación estratégica que se utiliza para evaluar las fortalezas (Fortalezas), las debilidades (Debilidades), las oportunidades (Oportunidades) y los riesgos y amenazas (Amenazas) relacionados con la realización de un proyecto específico, o para comprender realmente lo que nos puede separar del logro del objetivo que nos hemos fijado. Este análisis adquiere la conciencia necesaria para saber a qué nos enfrentamos. Sólo así se puede ser consciente de los riesgos asociados a la inversión y se puede, incluso antes de que se produzcan, pensar en cómo hacerles frente sin que nos pillen desprevenidos. No se haga ilusiones: en una operación inmobiliaria siempre hay riesgos; no todo es diversión y juegos; lo importante, sin embargo, es tenerlos claros en la mente y saber ya cómo afrontarlos sin que cunda el pánico.

3. Presentarse con un equipo y un proyecto ya bien definido

Por supuesto, el banco debe presentar proyectos concretos. Debe dejar claro que es el primero que realmente cree en la operación que propone y que lo cree tanto que ya ha empezado a invertir su capital en persona. Lo ha hecho contratando a un equipo de diseñadores que ya han elaborado un proyecto preliminar, que claramente se perfeccionará, pero que ya describe completamente cuáles serán los resultados finales. Los bancos quieren saber quién se encargará del proyecto, la ejecución de las obras, la dirección de las mismas, el suministro de materiales, etc.

4. Al final, lo que importa son los números

Al final, lo que importa y lo que realmente importa al banco son los números. Es esencial presentar un plan financiero y económico claro que muestre cuánto le permite ganar la operación que propone, tanto para usted como para el banco. Para ello, es necesario cuantificar de manera precisa cuáles son los costes reales necesarios para la realización de la obra y cuantificar una idea de cuánto va a ganar.

Sin un análisis cuidadoso de la operación, no es posible pedir nada a nadie. Aun así, sin conocimiento de los hechos, nadie le dará nada y nadie le escuchará con seguridad.

La relación con las instituciones de crédito ha mejorado definitivamente, también porque necesitas ser claro y sincero con los bancos e inversores, nunca mentir sobre tus verdaderas intenciones, o ser demasiado optimista, sabiendo ya que el beneficio puede ser menor de lo esperado.

Capítulo 8:

El lado feo de la inversión creativa

Los fondos inmobiliarios son muy atractivos para los inversores debido a las muchas ventajas que ofrecen, especialmente por la amplia capacidad de diversificación que ofrece esta categoría de inversiones, además de proporcionar estrategias de inversión de diferentes modalidades (plusvalía, ingresos, diversificación, etc.) que están todas dirigidas al sector inmobiliario.

Por lo tanto, las principales ventajas son:

- Dilución de los riesgos: Un fondo inmobiliario puede invertir en varios proyectos, dividiendo así la capacidad financiera de los ingresos de las propiedades y repartiendo los posibles riesgos financieros;

- Sucesión de capital: Agilidad de la sucesión debido al fraccionamiento en acciones del patrimonio acumulado;

- Diversificación de la cartera: A través de un fondo inmobiliario, es posible invertir en propiedades con menores volúmenes de inversión en comparación con la inversión directa en propiedades que se encuentran en el mercado tradicional;

- Buena gobernanza (en general): Los FII tienen gestores especializados, que son responsables de las estrategias inmobiliarias del fondo. Esto significa menos burocracia para los inversores;

- Protección de la propiedad: Mitigación de los riesgos fiscales y laborales existentes en la estructura de la SPE;

- Liquidez de la cuota: Mientras que el proceso de compra para la venta de bienes raíces en el mercado tradicional puede tomar meses para completarse, es posible negociar miles de dólares por día en el mercado secundario para los fondos de bienes raíces, dependiendo del FII;

However, like everything else in life, there is also the other side of the coin; there are important points of attention that need to be taken into account by investors.

Entre las principales desventajas, por lo tanto, vale la pena mencionar:

- Ausencia de garantías: Una vez adquiridos por el FII, los bienes no pueden ser hipotecados o pignorados como garantía para obtener financiación y otras formas de recaudación de fondos;

- Ausencia de propiedad e imposibilidad de disponer de los bienes: Las cuotas de los fondos inmobiliarios no confieren la propiedad de las propiedades.

- Capacidad limitada de adopción de decisiones: Los accionistas no pueden, individualmente, tomar las decisiones de compra y/o venta de activos, esta decisión la toma la administración del fondo en la gran mayoría de los casos;

- Volatilidad de las cuotas: Aunque es mucho menor que la de las acciones, la volatilidad de las cuotas de los fondos inmobiliarios puede causar algunas molestias a los inversores, especialmente a los principiantes;

- Condominio cerrado: No se permite el rescate de las cuotas de un fondo inmobiliario. La salida de la inversión, por lo tanto, debe hacerse a través de la negociación de acciones en el mercado secundario, o con una eventual liquidación del FII;

Dado lo anterior, le corresponde a usted, el inversor, poner por un lado las ventajas y por otro las desventajas, y decidir qué peso será mejor en la comparación.

Capítulo 9:

Fondos Mutuales

De hecho, incluso los fondos de inversión están actualmente a disposición de los especuladores con capital limitado. Por una sola suma de 100 dólares (o una dedicación de 50 dólares cada mes), ahora se podría apreciar el acceso a fondos supervisados por expertos que ponen los recursos en una amplia gama de ventajas (acciones, valores, instrumentos de exhibición de divisas, etc.) La principal ventaja de una reserva mutua, cuando se contrasta y se ponen los recursos en ofertas singulares, es que incorpora una cartera diferente, lo que ayuda a evitar los peligros de la noche.

Aunque lo he hecho varias veces anteriormente, intento abstenerme de sugerir acciones o fondos singulares. Tales "selecciones" son extremadamente comunes en diferentes revistas web, en las principales revistas de presupuesto, y en los programas de televisión de Jim Cramer. Idealmente: Poner recursos en acciones y fondos incluidos en los medios de comunicación no te hará daño. El peor resultado imaginable: Te despeja. Por eso sugiero que los especuladores principiantes pongan exclusivamente en un par de fondos de archivo que rastreen todo el mercado de valores. En muchos casos, todo el mercado ganará a la mayoría de los fondos de inversión, en cualquier caso. Sea como fuere, en particular, cuando se contribuye en esta línea, es significativamente más difícil cometer errores.

En la remota posibilidad de que llegues al punto en que, al contribuir, creas que necesitas propuestas de inversión cada vez más específicas, es una oportunidad ideal para emplear a un asesor presupuestario de gastos justos que pueda evaluar tu circunstancia y dar algunas sugerencias imparciales. Como me gustaría pensar, probablemente necesites en cualquier caso 100 mil dólares aportados antes de pensar en esto, y lo más probable es que estés bien aguantando hasta que tengas 200 mil dólares más o menos en juego. Hemos cooperado con Paladin, un gran activo que hace que encuentres gastos garantizados, sólo consultores monetarios en tu vecindad general. Así que en la remota posibilidad de que tengas suficientes reservas y estés buscando un toque humano para ayudarte con tus decisiones relacionadas con el dinero, mira a Paladin.

Para todos nosotros, una simple lista de fondos funciona. En caso de que estés poniendo recursos en el 401(k) de tu jefe o en un arreglo comparable, probablemente tendrás alternativas restringidas. Por eso estas reglas generales sobre la mejor manera de elegir una reserva mutua - seleccionar un archivo para subvencionar con una proporción de coste inferior al 1,0 por ciento- son más útiles que las selecciones singulares. En la remota posibilidad de que nunca hayas contribuido, ten dinero en tu bolsillo para el que puedas ahorrar, en cualquier caso, tres años, podríamos querer familiarizarle con un método primario para añadir llamado "Fondos Mutuos".

La reserva de nombres mutuos puede parecer asustada a la mayoría de la gente inexperta en artículos de inversión. Los Fondos Mutuos tienen las siguientes preferencias: Los fondos mutuos están hechos para que la contribución sea de bajo costo y sencilla. Puede comenzar su inversión desde tan poco como 5.000 rupias. Los especialistas financieros no tienen la obligación de elegir las acciones y valores que se comprarán con sus fondos de reserva, o la administración y el cuidado diario de las inversiones elegidas.

Una reserva mutua es una conspiración de inversión agregada que reúne el efectivo de numerosos especialistas financieros. Una ventaja que la organización de la junta directiva (AMC) debidamente autorizada por la Comisión de Protección y Comercio (SEC) pone el pago en su beneficio en protecciones u otros recursos presupuestarios para beneficios/aumentos y salario.

Hay dos tipos de fondos de inversión:

El apoyo abierto no tiene un fondo común fijo de dinero. La reserva persistentemente hace nuevas unidades o recupera unidades dadas a petición, y no hay restricción en el tamaño de la tienda. El costo de los grupos no sube o baja por el interés, sin embargo, es impulsado por la estimación de los recursos primarios de la reserva. Los especialistas financieros pueden ayudar a comprar y vender unidades a la estimación de recursos netos (NAV) a través del beneficio de la organización de la junta (AMC), que declara los costos de oferta y recuperación todos los días.

Los fondos de cierre tienen un número fijo de avales/acciones que se dan a través de la Primera venta de acciones (Oferta pública inicial). Una vez dadas, se compran y venden a precios de escaparate en la Bolsa de Valores (SX). La mayoría de los fondos de inversión son fondos abiertos. Cada unidad de capital abierto habla de la responsabilidad proporcional de un especulador por la cartera unificada de la tienda; cada titular de la unidad comparte de manera similar con diferentes especialistas financieros en difusión. Los especuladores compran unidades de tiendas mutuas de la propia reserva o de organizaciones bancarias o relacionadas con el dinero aprobado para actuar como mayoristas o agentes de ventas. Las unidades de reserva mutualista de extremo abierto no se intercambian en el mercado libre, por ejemplo, el PSX.

Según las directrices, un fideicomisario autónomo alistado en la SECP tiene que ocuparse de todos los recursos de la reserva mutua. El fideicomisario se compromete a garantizar que la AMC ponga las ventajas de la tienda según el acuerdo de inversión aprobado y las inversiones aprobadas de la reserva mutua. Toda la propiedad de la reserva mutua que incorpore dinero se alista por el bien, o a petición del fideicomisario. Los directores de la tienda en los recursos de las organizaciones de la junta son mantenidos por grupos de investigación dedicados que se responsabilizan de observar la exhibición del portafolio de una reserva.

No es necesario estresarse por la administración diaria de su cartera. La expansión ofrecida por los fondos de inversión básicamente no puede ser lograda por un pequeño especialista financiero con fondos de inversión restringidos. Los fondos mutuos pueden proporcionarle una paga estándar y una puerta abierta para expandir sus fondos de inversión a través de la reinversión. He aquí las ventajas de poner recursos en los fondos de inversión:

Administración competente

La organización de la junta directiva (AMC) evalúa las aperturas de inversión investigando, eligiendo y comprobando la presencia de las protecciones compradas por la reserva. La AMC utiliza expertos de inversión calificados que se establecen en determinadas opciones de inversión para su beneficio. Esto no es una tarea sencilla para una persona sin información particular.

Mejora

Al repartir su inversión entre varias protecciones y segmentos de inversión, una tienda mutua puede ayudar a disminuir su riesgo si una organización o división se cae. La mejora se puede resumir perfectamente como "No atar sus activos en un solo lugar".

Moderación

Los fondos de inversión se adaptan a los especuladores que no tienen mucho dinero para contribuir, estableciendo generalmente sumas bajas de rupias para las compras iniciales y las compras subsiguientes de mes a mes. Por ejemplo, se pueden incluir fondos en medidas establecidas de PKR 1000-5000 cada mes o diferentes provisionales. Los fondos de inversión compran y venden muchas protecciones una tras otra. Sus gastos de intercambio y los cargos del ejecutivo se imparten a los compañeros de la unidad.

Liquidez

Los titulares de las unidades de reserva mutua pueden convertir rápidamente sus unidades en dinero en cualquier día laborable. Obtendrán inmediatamente la estimación actual de su inversión dentro de seis días hábiles. Los especialistas financieros no necesitan descubrir un comprador; la reserva recompra (recupera) las unidades a la actual estimación de recursos netos (NAV).

Muy dirigido

El SECP hace una observación sin parar de los fondos mutuos a través de informes que los fondos mutuos tienen la orden de registrar con el SECP todo el tiempo. Además, la SECP dirige las revisiones cercanas de los AMC.

La franqueza

La exhibición de una reserva mutua es investigada deliberadamente por diferentes producciones y organizaciones de clasificación, lo que facilita a los especuladores el análisis de la presentación de una tienda. Como un inversionista, se le dan actualizaciones regulares, por ejemplo, todos los días NAVs, al igual que los datos sobre las posesiones de la reserva y la metodología del supervisor de la tienda.

Exenciones de impuestos

La inversión en planes de reserva mutua califica al especulador para el crédito de cargos con fines de lucro que mejora el beneficio general para sus fondos de inversión.

¿Cuáles son las diferentes clases de fondos?

En una entrevista con la Mutual de Relaciones con las Tiendas (MUFA), ha concebido medidas para una orden de fondos mutuos de capital abierto junto con límites de inversión. En su mayoría, cuanto mayor sea el rendimiento potencial, mayor será el peligro de desgracia. La SECP ha aprobado las siguientes clasificaciones para los fondos de inversión:

Apoyo de valor

El apoyo al valor pone los recursos en valores, más generalmente conocidos como acciones o participaciones que dependen del peligro de inestabilidad relacionado con la exhibición de valor. Aunque esta reserva es la menos segura, puede dar el desarrollo más extremo a largo plazo a través de la apreciación de capital. Un valor subvencionado, según la clasificación, debe aportar en todo caso el 70% de sus recursos netos en protecciones de valor registradas. Los recursos netos que permanecen de un plan de valor pueden ser puestos en dinero o cerca de instrumentos de dinero.

Pagar la manutención

Estos fondos se centran en dar a los especialistas financieros un flujo constante de salario fijo. Ponen recursos en el momento presente, e instrumentos de obligación a largo plazo como los Testamentos de Fondos a Término (TFC) llevados por sociedades y protecciones gubernamentales, por ejemplo, letras del tesoro y Valores de Inversión (PIB). El apoyo al salario se considera menos inseguro que un valor subvencionado. De esta manera, se restringe la puerta abierta para el agradecimiento del capital. Los fondos para salarios deben mantener en cualquier caso el 25% de los recursos netos en dinero real y además cerca de los instrumentos monetarios para satisfacer las necesidades de liquidez.

Finanzas de publicidad de divisas

Estos fondos ponen recursos en protecciones de pagos fijos transitorios, por ejemplo, cargos del tesoro, valores del gobierno, endosos de tiendas y papel comercial. El punto de una vitrina de divisas subvenciona para mantener una alta liquidez poniendo recursos en instrumentos transitorios de baja probabilidad y es comúnmente una inversión más segura. Los rendimientos producidos por el apoyo de una vitrina de divisas probablemente van a oscilar sustancialmente menos frente a los diferentes tipos de fondos de inversión. Los fondos de publicidad de divisas son perfectos para los nuevos especuladores, ya que son los menos enredados para seguirlos y asumirlos.

La tienda ajustada.

Una reserva justa da el desarrollo en la inversión como la paga ordinaria poniendo los recursos en valores y protecciones de paga fija. El sistema administrativo ordena que los fondos decentes aporten entre el 30% y el 70% de sus recursos de red en protecciones de valor registrado. El resto de la igualación puede poner recursos en otras inversiones aprobadas.

Almacenamiento de los fondos

El almacén de fondos pone recursos en otros fondos de inversión. Cada almacén de fondos debe organizarse por objetivo de inversión, por ejemplo, valor de reserva de fondos, pago de reserva de fondos, y así sucesivamente. Estos fondos trabajan con varios arreglos de valor, ajustados, salario fijo, y fondos de exhibición de moneda.

Reserva de asignación de recursos

Esta clasificación de la reserva puede poner sus recursos de red en unos pocos tipos de protecciones y estilos de inversión, como se determina en su informe de contribución. Los fondos de la porción de recursos son comúnmente vistos como fondos de alto riesgo debido a su capacidad de contribuir hasta el 90% de los recursos netos en valores en cualquier momento.

Apoyo de capital asegurado

Con el apoyo de capital asegurado, la primera medida de la inversión está asegurada. Esta tienda pone una parte significativa de la suma de la inversión en un banco como una tienda a plazo, mientras que los recursos netos restantes se ponen de acuerdo con las inversiones aprobadas expresadas en el registro de contribuciones. Los fondos de capital asegurado, a diferencia de los diferentes fondos, tienen un período de desarrollo fijo mutuamente establecido.

Lista de seguimiento de la financiación

Los fondos de la lista ponen recursos en protecciones para reflejar un registro del mercado, por ejemplo, el PSX KSE 100. Una lista de financiar compras y ventas de protecciones de manera que refleje la organización de la elección de registro. La exposición de la tienda hace un seguimiento de la presentación del archivo necesario. La inversión, en cualquier caso, el 85% de los recursos netos son necesarios en las protecciones que componen la lista elegida o su subconjunto. La igualación de los recursos netos se mantiene en dinero real o cerca de instrumentos monetarios, por ejemplo, tiendas bancarias (salvo los recibos de tienda a plazo (TDR) y Letras del Tesoro que no superen los 90 días de desarrollo.

Artículo subvencionado

Los fondos de artículos facultan a los pequeños especuladores para explotar las ganancias de los acuerdos sobre el destino de los artículos y los productos, por ejemplo, el oro, mediante inversiones conjuntas. En cualquier caso, durante el año, el 70% de los recursos netos deben destinarse a contratos de prospección de productos o de almacenamiento en función de la inversión trimestral regular que se determina cada día.

¿Qué hay que considerar antes de poner recursos en una tienda mutua?

Los fondos mutuos contrastan en cuanto a destinos de inversión, técnicas, peligros y gastos. Antes de elegir una clasificación adecuada de una reserva mutua para sus fondos de reserva, debe conocer sus objetivos de inversión. Sus objetivos presupuestarios están controlados por su grado de salario y costos, autonomía monetaria, edad, forma de vida, responsabilidades familiares entre diferentes componentes. Aquí hay algunas preguntas que debe hacerse y las posibles respuestas que le ayudarán a elegir una reserva mutua adecuada.

¿Cuáles son mis objetivos de inversión?

Probables respuestas: Necesito un salario estándar; necesito comprar una casa, contar una boda; enseñar a mis hijos o una mezcla de cada una de estas necesidades.

¿Qué cantidad de peligro sería capaz de soportar?

Es probable que responda: No soporto ningún reto ni reconoceré la forma en que para ganar a largo plazo, puede haber desgracias momentáneas.

¿Cuáles son los requisitos previos de mis ingresos?

Es probable que responda: Necesito un ingreso habitual, o necesito desarrollar mis beneficios para el futuro y no necesito molestarme con el ingreso actual, o necesito una cantidad singular para sumar para satisfacer una necesidad particular más adelante.

¿Cuál es mi horizonte temporal?

Probablemente responda: Tengo un horizonte temporal momentáneo de un año, o a medio plazo, de uno a cinco años, o a largo plazo, de cinco a diez años.

Al responder a estas preguntas, tendrá un pensamiento inequívoco sobre los deseos de su inversión. Esto le ayudará a decidir una metodología de inversión de reserva mutua adecuada. Aquí hay un par de ejemplos de decisiones de inversión concebibles que dependen de su horizonte de tiempo material.

Línea del horizonte a largo plazo: Si usted está contribuyendo por un período prolongado, digamos de cinco a diez años, y necesita su dinero para desarrollarse, debe considerar poner, en cualquier caso, un segmento de su efectivo en fondos mutuos de valor. Un horizonte de tiempo más largo le permite recuperarse de una caída del mercado.

Un horizonte a medio plazo: Dejar su dinero aportado de uno a cinco años puede no permitirle recuperarse de las caídas de los mercados. Debe practicar la alerta y pensar en poner recursos en fondos ajustados y salariales.

Horizonte transitorio: Si está contribuyendo por un año o menos, casi no hay oportunidad de recuperarse de las desgracias. Sólo debe poner recursos en fondos mutuos que no tengan limitaciones en cuanto a retiros y centrarse en inversiones de poco riesgo, por ejemplo, fondos de exhibición de dinero.

Para ayudarle a organizar su cartera de inversiones, a continuación se presentan las cualidades esenciales de los fondos mutuos en cuanto a clase de reserva, horizonte de tiempo de inversión, inestabilidad/oportunidad e inversiones permitidas:

Se sugiere regularmente que hable con un asesor de inversiones para ayudarle a elegir la reserva de privilegios mutuos.

Los administradores de la reserva en los recursos de las organizaciones de ejecutivos son sostenidos por grupos de investigación comprometidos, responsables de comprobar la exposición de la cartera de una tienda.

No es necesario que se estrese por la administración diaria de su cartera. La expansión ofrecida por los fondos mutuos en su mayoría no puede ser lograda por un pequeño especulador con fondos de inversión restringidos.

Capítulo 10:

El dinero privado

En la actualidad, varios individuos están buscando un enfoque para comenzar en el sector inmobiliario. No están exactamente bien con el negocio o no tienen la oportunidad de descubrir gangas. Este es el lugar en el que pueden intervenir y sacar provecho de ello. Un prestamista privado puede ser cualquier compañero, familia, pariente o colaborador que se dé cuenta de que tiene dinero y le gustan los bienes raíces. Esencialmente, se llega a un entendimiento donde se maneja el lado de los bienes raíces del intercambio, y ellos proveen el financiamiento. La forma de dividir el beneficio depende de ti. Sin embargo, esta elección puede ponerte en marcha. Esto es frecuentemente una victoria de éxito para todas las reuniones incluidas. Tienes la oportunidad de adquirir un acuerdo donde tienes casi cero introducción. Para su cómplice, regularmente compran considerablemente más de lo que tendrían si su dinero estuviera en un IRA o disco compacto de bajo rendimiento. Descubrir individuos con los que trabajar es frecuentemente tan simple como transmitir un correo electrónico de impacto o comunicar algo específico a través de medios de redes basadas en la web. En la remota posibilidad de que mires, descubrirás individuos con los que trabajar.

Los planes de juego de préstamo de dinero privado pueden dar una mayor adaptabilidad a su negocio y una mayor influencia de compra en el centro comercial severo. Estos avances son particularmente valiosos para los nuevos negocios y para aquellos con un crédito no exactamente impecable. Aquí están probablemente las preguntas más habituales sobre los créditos de dinero privado y cómo pueden permitir que su negocio logre un mayor nivel de logros. Los prestamistas de dinero privado son personas u organizaciones que no están asociadas con bancos o fundaciones presupuestarias. Estos prestamistas otorgan subsidios a los intercambios de bienes raíces y de negocios y regularmente son más indulgentes con los riesgos que las alternativas de préstamos habituales. Los adelantos de dinero privado son de vez en cuando, aludidos como créditos de dinero duro. Ofrecen alternativas de financiación basadas en recursos para organizaciones como la suya.

Los bancos de dinero privado ofrecen varios puntos de contacto para los prestatarios empresariales, entre los que se incluyen los siguientes: La capacidad de avalar créditos rápidamente. Dispensación más rápida de fondos para la adquisición de bienes inmuebles Respaldo de adelantos que los diferentes bancos podrían ser reacios o no estar en condiciones de dar, incluyendo adelantos de recuperación de propiedades y otras inversiones con mayores posibilidades Adelantos momentáneos que pueden superar cualquier problema entre la adquisición de una propiedad y la oferta de otra Necesidades de calificación FICO más baja para la mayoría de los cursos de acción de los préstamos Al elegir un prestamista privado de dinero, usted puede apreciar regularmente una adaptabilidad más notable en los términos y el alcance de su crédito para ayudarle a tomar las decisiones más favorables para sus necesidades empresariales.

¿Cuáles son las posibles desventajas de los préstamos privados?

Los cursos de acción de los préstamos de dinero privado pueden requerir un plazo de reembolso más corto. De vez en cuando, los créditos de conexión ofrecidos por especialistas en préstamos de dinero privado pueden necesitar una cuota completa en un medio año o menos. Los cursos de acción de los préstamos individuales también pueden incluir costos y gastos de financiación más altos para compensar el mayor nivel de riesgo aceptado por estos bancos.

¿Quién ofrece créditos de dinero privado?

Cuando todo está dicho, los créditos de dinero privado son accesibles desde un par de fuentes diversas:

Parientes y compañeros pueden estar ansiosos de ofrecer ayuda financiera. En la remota posibilidad de que estas fuentes sean accesibles para su negocio, usted podría tener la opción de disminuir el gasto de obtenerlas utilizando estas opciones de financiación.

Los especuladores singulares, a veces conocidos como especialistas financieros de mensajería sagrada, pueden hacer accesibles sus fondos para tareas y adquisiciones de negocios que probablemente no estén avaladas por fuentes conocidas. En consecuencia, los especuladores singulares pueden requerir mayores costos de financiación para los créditos que otorgan.

Las organizaciones que ofrecen créditos de dinero privado se encuentran entre los enfoques más adaptables y útiles para llegar a estos planes monetarios. Consolidan el sencillo procedimiento de aplicación de los créditos convencionales con el manejo más rápido y la dispensación sólo accesible de los especialistas en préstamos electivos.

Obtención de un rápido aval

Uno de los principales beneficios es utilizar un banco de dinero duro, que equivale a un prestamista de dinero privado, que es la velocidad de endoso. En el momento en que se ve una propiedad que se ajusta a los parámetros de su plan de acción, el objetivo es colocar en una oferta y cerrar rápidamente. De hecho, ese puede ser un enfoque para hacer que su oferta sea considerablemente más fundamentada. Utilizando los bancos de dinero duro en San Diego, CA, usted puede afirmarse sorprendentemente rápido, lo que significa que usted puede cerrar en una propiedad usando dinero. Una oferta de dinero también puede hacer que el final vaya considerablemente más rápido, otra además de un comerciante planeado.

Le permite hacer mejoras

Los especuladores privados subvencionan el crédito de dinero duro o de dinero privado, y las condiciones del anticipo pueden cambiar, incluyendo las posibles cuotas de la prima justa o las cuotas de la prima y la cabeza que terminan en un episodio inflable. Esto implica, en la remota posibilidad de que usted esté anticipando obtener financiamiento convencional a largo plazo a través de una renegociación, un banco de dinero duro en San Diego puede darle el capital y el tiempo para hacer mejoras a su propiedad. De esta manera, cuando usted solicita la financiación convencional, el examen de su propiedad probablemente será más en apoyo de usted.

Las clasificaciones de la FICO no se comprueban

Para algunos bancos privados de San Diego, las evaluaciones de la FICO no son tan necesarias como la estimación de la propiedad en sí. Incluso puede utilizar una propiedad que efectivamente posee como garantía para obtener el crédito para comprar su próxima propiedad. Independientemente de si espera hacer arreglos, la estimación de la propiedad con esos arreglos terminados puede ser calculada también. El hecho es que el valor dentro del parque, en lugar de su evaluación financiera, será el punto central en su respaldo de subsidio.

Póngase en una posición de intercambio superior

Para algunos especialistas financieros, se piensa en comprar propiedades deliberadamente, sin embargo, para conseguirlas al costo ideal. Suponga que hace una oferta, pero al mismo tiempo necesita experimentar todos los bucles de la financiación tradicional. Usted es, en menor medida, una posición de arreglo porque habrá problemas adicionales para el comerciante. Tener un adelanto de un banco de dinero privado de San Diego le permitirá regatear a un costo superior, básicamente porque puede cerrar rápidamente.

Asegurar los fondos para terminar las actividades

Otra ventaja de los adelantos de dinero en efectivo es que le permiten seguir comprando propiedades a precios más bajos, y al mismo tiempo le ayudan a mantener un flujo de efectivo suficiente para terminar sus actividades actuales. En el momento en que usted está comprando cada una de sus propiedades con dinero, puede terminar rápidamente limitado en el número de arreglos que puede terminar a la vez. Los prestamistas privados de San Diego te dan la alternativa de hacer compras esenciales, mientras que aún te dan el capital para arreglos o remodelaciones críticas.

La fuente de financiación cuando el préstamo habitual se agota

Para aquellos en el sector inmobiliario que trabajan con una fuente de préstamos común, puede llegar cuando se llega a las limitaciones de lo que ese banco tradicional puede respaldar. De repente, se encuentra con que su capacidad para desarrollar su negocio de bienes raíces se ve obstaculizada por la forma en que sus opciones de financiación han sido cortadas.

129

Capítulo 11:

Cómo afectan las diversas estrategias de financiación a la inversión

Vamos a enumerar las diferentes estrategias a continuación:

1. Tipos de ganancia

La ganancia de hacer una inversión inmobiliaria se deriva esencialmente de uno o más de los siguientes tres mecanismos: 1) la revalorización de un inmueble a lo largo del tiempo: en particular, si compro en un mínimo del ciclo inmobiliario y vendo en un máximo, puedo tener la mayor ganancia, sin embargo, si compro al máximo y revendo después de sólo unos pocos años, me arriesgo a sufrir una gran pérdida; 2) la plusvalía, es decir, la diferencia entre el precio de venta y el de compra, que puede hacerse positiva, además de la estrategia que se acaba de describir, también comprando una casa alquilada con un alto descuento y revendiéndola. Otra forma es comprar una casa en subasta judicial a un precio inferior al del mercado y luego revenderla, o de nuevo, comprar la "propiedad desnuda" de la propiedad y revenderla cuando el usufructuario muera; (3) la renta, que representa un ingreso mensual. Por supuesto, en los tres casos, los impuestos reducen un poco el beneficio neto, pero no cambian el fondo del discurso.

2. Cómo maximizar la revalorización

Para obtener el máximo beneficio de la revalorización de una propiedad a lo largo del tiempo, es esencial (1) conocer los ciclos inmobiliarios y (2) comprar y vender en el momento adecuado. En este tipo de inversión el " momento " es un factor decisivo, ya que de un año a otro el mercado inmobiliario puede mostrar variaciones en los precios que a veces son "notables": nos referimos a un 20% o incluso un 100%. La estrategia más simple es comprar un inmueble cuando el ciclo está en un mínimo y vender en un máximo, aunque obviamente, no es fácil reconocerlos si no se sigue un poco el mercado. Sin embargo, como hemos visto en la página sobre los ciclos inmobiliarios, no basta con comprar al mínimo de un ciclo para hacer un excelente negocio: hay que centrarse en las propiedades que tienden a revalorizarse más con el tiempo, por ejemplo las prestigiosas situadas en el centro de las grandes ciudades. Además, hay que tener en cuenta que el mercado inmobiliario en las grandes ciudades empieza (o se ralentiza) antes que en otros lugares.

3. Cómo maximizar los ingresos

Podemos maximizar la "ganancia de capital" de una inversión inmobiliaria, es decir, la diferencia entre el precio de venta y compra de una propiedad, añadiendo una segunda estrategia a la de comprar al mínimo de un ciclo inmobiliario y vender al máximo. Se trata de estrategias que pueden aplicarse con cierta ganancia cuando no se está ni siquiera cerca de un mínimo del ciclo; es decir la mayoría de las veces: comprar una propiedad en una subasta, donde se puede obtener incluso un descuento del 30% sobre el precio de mercado, y luego venderla inmediatamente; comprar una propiedad ya arrendada, lo que implica un descuento de alrededor del 30% sobre el precio en comparación con una libre, existe la desventaja: para vender hay que esperar a que el inquilino desocupe el apartamento. Otra estrategia es comprar la "propiedad desnuda" de una casa, lo que implica un porcentaje de descuento sobre el precio variable, ya que está ligado a la edad del usufructuario, pero en este caso se desconoce la fecha de fallecimiento inesperado del usufructuario para poder vender la propiedad.

4. Cómo maximizar los ingresos por arrendamiento

Para maximizar los ingresos que se pueden obtener al alquilar una propiedad, es necesario elegir las más "adecuadas". Básicamente, en general es mejor preferir uno o dos apartamentos pequeños - digamos de 40-60 metros cuadrados - a uno grande de 80-120 metros cuadrados, porque el ingreso que se puede obtener por el alquiler de los mismos es mayor, en proporción al valor de la propiedad. Además, los apartamentos más rentables, también desde el punto de vista de los alquileres, son los que se encuentran en las grandes ciudades, donde siempre hay una gran demanda. Alternativamente, si se está muy lejos de estas ciudades, se puede orientar hacia una ciudad universitaria, donde no se encontrarán grandes problemas al alquilarlos a los estudiantes si se compran en el centro o, por supuesto, no lejos de las estructuras universitarias. Obviamente, también necesitas aprender sobre la diferencia entre el precio de venta y el precio de compra.

5. Cómo maximizar la ganancia total

La mejor estrategia para maximizar los ingresos totales a través de una inversión inmobiliaria libremente elegida depende, sobre todo, del período del ciclo inmobiliario en el que se encuentre. Si se está en un mínimo del ciclo, entonces, en general, es mejor comprar un inmueble "con descuento" pagándolo un 20-30% menos que el precio ordinario del mercado (en una subasta judicial o ya arrendado) y venderlo en el siguiente máximo del ciclo. Mientras tanto, podría alquilarla asegurándose de que

133

podrá liberarla antes del máximo del mercado. Si, por el contrario, se encuentra en una fase ascendente del ciclo inmobiliario, siempre es aconsejable comprar el inmueble con un descuento para venderlo en el máximo del ciclo, evaluando su viabilidad y - si se compra en subasta - decidiendo si se alquila o se vende inmediatamente. Por último, si el ciclo inmobiliario es descendente o está en su máximo, la opción más sensata es "quedarse quieto". La compra de propiedad desnuda, por otra parte, tiene sentido sólo si se hace al mínimo de un ciclo, pero es una inversión a muy largo plazo.

Capítulo 12:

Inversiones inmobiliarias alternativas:

El intercambio de casas

Hacer dinero puede ser el objetivo de mucha gente, y no se equivocan. Después de todo, necesitas comprar comida, pagar las facturas, los fines de semana, etc. Pero eso no es todo lo que importa. El trabajo no es sólo una forma de hacer dinero. No todo el mundo puede hacer eso. La mayoría de las veces, eso sucede porque no tienen imaginación.

El intercambio de bienes raíces, por ejemplo de dos apartamentos, es una forma de práctica poco extendida y tiene algunos aspectos realmente ventajosos. Probablemente la principal dificultad radica en encontrar 2 sujetos que tengan un objetivo que los haga indispensables el uno para el otro.

El intercambio de casas

Debe haber una serie de combinaciones que no siempre son fáciles de reunir. El vendedor debe primero querer vender su unidad inmobiliaria; luego, debe encontrar un comprador, que esté interesado en su casa. La satisfacción de los respectivos bienes debe ser recíproca, y el valor de las 2 unidades no debe diferir mucho. De lo contrario, el ajuste debido a llenar el vacío podría complicar la negociación. Pero hay casos en los que el valor es muy diferente: aquí es necesario tener una evaluación detallada y alguien tendrá que pagar una diferencia por dinero.

¿Cuáles son las ventajas del intercambio de casas?

Este tipo de procedimiento permite a ambas partes, que adquieren el bien, tomar posesión del mismo sin necesidad de pedir una hipoteca, a diferencia de otros casos.

Reglamento

Se aplican las normas que son válidas para las ventas ordinarias, aunque en el caso de intercambio de propiedades, al menos en la pura, no se espera un paso de dinero.

Tipos de intercambio de viviendas

El intercambio puede realizarse entre unidades que tienen más o menos el mismo valor. De hecho, cuando no hay ajuste, el intercambio es puro. Pero también puede haber algunos casos en los que el valor de los dos bienes difiere.

Por ejemplo: una persona cuyo apartamento se encuentra en Florida decide venderlo a un precio de 500.000 dólares. Además de vender su propiedad, también tendrá que encontrar un apartamento en su nueva ciudad. Por casualidad, puede que se encuentre con una persona que tiene 2 apartamentos y que tiene el deseo de vender uno. El objetivo es hacer una inversión y comprar una casa en la ciudad más hermosa.

Supongamos también que el valor de las 2 casas difiere porque están ubicadas en dos lugares diferentes. La otra propiedad en su nueva ubicación cuesta 400.000 dólares. En este caso, el intercambio sería posible sólo por una contraprestación en efectivo, útil para salvar la brecha de valor entre los dos activos. En términos más generales, el intercambio de propiedades puede ser de tres tipos, dependiendo de los propietarios de las respectivas propiedades:

El intercambio puede tener lugar entre dos entidades privadas. En este caso, se dice que el intercambio es directo. El intercambio también puede llevarse a cabo con éxito entre un particular o una empresa de construcción. Puede convenir a ambas partes, ya que el particular se encontraría con un nuevo apartamento, tal vez perfectamente conforme a la ley y sin necesidad de renovación. Pero existe el riesgo de que, aunque la persona ya se haya alejado de la antigua, se encuentre temporalmente sin hogar, ya que la nueva construcción puede no estar aún terminada. Muchos de los nuevos apartamentos siguen sin venderse debido a la crisis inmobiliaria. El riesgo para el fabricante, en este caso, es no poder vender los antiguos apartamentos y quedarse sin liquidez. Pero si ambas partes están de acuerdo, el intercambio entre las 2 unidades no presenta ninguna dificultad.

A pesar de algunos posibles problemas en este tipo de intercambio, el intercambio entre individuos y empresas siempre es muy cotizado.

Requisitos del intercambio de viviendas

Es necesario que los dos bienes intercambiados estén libres de hipotecas. Si hay una hipoteca sobre una de las dos propiedades, el caso se complica un poco más. Ciertamente, las prácticas para resolver el problema alargarán los trámites útiles para hacer el intercambio, porque la propiedad tendrá que estar libre de la restricción de las cuotas que se deben al banco que pagó la suma. La hipoteca también podría ser convertida sobre las dos propiedades que se están intercambiando. El nuevo propietario puede asumir la hipoteca de la casa tan pronto como se produzca el canje y saldar las cuotas según el antiguo plan de tarifas, o puede inclinarse por el desembolso de una nueva hipoteca que sustituya a la que ya existía. En este caso, se pagarán los gastos del nuevo pago.

Costos del intercambio

Esta es una de las ventajas adicionales del intercambio. Los costos son ciertamente más bajos que una compra normal. El acto por el que se sanciona el intercambio es único; es una escritura notarial cuyos costos pueden ser divididos entre las dos partes. Existen impuestos sobre este tipo de transacción. Sin embargo, como en el caso de los gastos de la escritura notarial, los impuestos, por ley, también se dividen entre las partes. El Código Civil, de hecho, permite a las partes implicadas en el intercambio estipular y proceder al registro de un documento único que establece el intercambio.

Los impuestos debidos al estado se calculan sobre una sola transacción, pero la entidad depende de las partes contratantes; los impuestos no son siempre los mismos. Por ejemplo, los impuestos hipotecarios y los debidos al registro de la propiedad se pagan una sola vez y tienen un monto total. Otro aspecto positivo del intercambio entre particulares es la exención del impuesto sobre el timbre.

El intercambio de bienes inmuebles sigue siendo una de las formas más ventajosas de vender un apartamento y comprar uno nuevo. Cuando no se hace un intercambio, el problema más frecuente es no saber dónde alojarse mientras se espera que ambas operaciones tengan éxito.

Capítulo 13:

Impacto de Covid-19 en bienes raíces:

A corto y largo plazo

La industria inmobiliaria está siendo afectada por el corona virus, y va a empeorar en lugar de mejorar. Los efectos en los bienes raíces están cambiando constantemente por esfera y mercado, y el alcance de los efectos será diferente en la duración del cierre económico.

Los sectores de bienes raíces que han sido más afectados tal vez sean los hoteles, restaurantes, bares y otros lugares de entretenimiento al por mayor, particularmente en las zonas turísticas, seguidos de cerca por el comercio minorista y la vivienda, particularmente no la primera vivienda.

El proceso económico que necesitan los constructores y promotores se está interrumpiendo a medida que los trabajadores se quedan en sus casas, y debido al cierre de los negocios, las cuarentenas y los plazos.

El inmenso número de cierres provocará una contracción del gasto de los consumidores, iniciando una espiral descendente de la actividad económica.

Colectivamente, estas fuerzas ya están empujando a la economía hacia la recesión.

Las fábricas y negocios de China están ahora reiniciando, lo que podría ser motivo de esperanza con respecto a un rápido retorno a la actividad económica normal y a los buenos mercados inmobiliarios.

El impacto de los bienes raíces será diferente para las áreas o estados

El impacto de la ruptura económica en el sector inmobiliario cambia, y va a cambiar, de un estado a otros.

La industria del turismo será golpeada de dos maneras diferentes:

1. un efecto directo de las preocupaciones por enfermedades contagiosas

2. un efecto indirecto de la disminución del valor de las acciones y la reducción de los ingresos, lo que se traducirá en que la gente se sienta menos rica.

En la industria de Texas los impactos económicos del covid-19 se combinan con los efectos del malestar del precio del petróleo. Los bajos precios del petróleo están impactando a los productores de petróleo, lo que traerá resistencia económica a ciertas partes de Texas. Simultáneamente, el intento de distanciamiento social está martillando hoteles, lugares de deportes, y restaurantes y bares y más. En Texas, todos los restaurantes de cada condado sólo ofrecían servicio de entrega, recogida y servicio de auto-servicio y cerraban para comidas sentados durante mucho tiempo. Todos los bares y clubes deben cerrar durante un largo período de tiempo, debido al peligro que puede ser mayor, con la gente o cerca.

Las consecuencias para la vivienda y la construcción de casas

Los constructores de viviendas no sólo están sintiendo la demanda de los compradores que se quedan en casa en grandes cantidades, sino también la consecuencia de la oferta de materiales que normalmente importan de China (suministro de más del 27% de los materiales).

En un nuevo estudio de la NAHB, el 80% de los encuestados dijo que el covid-19 tiene un efecto adverso en el tráfico de los compradores de casas esperados.

Otro 50% reportó problemas para obtener los materiales de construcción que necesitan para terminar las casas.

Los constructores están pensando en una gran caída en las ventas ahora.

También hay un creciente interés sobre las condiciones de préstamo más estrictas para los préstamos hipotecarios "no conformes". Los compradores que tienen una relación "deuda/ingresos" superior al 44% o los que son autónomos tienen ahora muchas dificultades para conseguir hipotecas.

Con todo esto en marcha, los constructores están diciendo que su esfuerzo en la tierra y el gasto en mejoras disminuirán a corto plazo.

Aún más es el impacto que la depresión del mercado de valores tendrá en el gasto del consumidor. La gente que ha desperdiciado mucha de su riqueza "de papel" gastará menos en artículos arbitrarios, y los que están casi retirados o completamente jubilados, pueden estar cambiando totalmente sus planes de gasto. Los que habían estado planeando comprar una casa en una comunidad alta pueden tener que cambiar sus planes, y eso podría afectar a las tasas de asimilación en esos acontecimientos.

No es necesario decir que podría haber un fuerte impacto en las residencias de ancianos y en los centros de vida asistida también, al menos a corto plazo.

La industria de las propiedades de alquiler se está preparando para comerciar con inquilinos que han perdido sus ingresos y no pueden pagar el mes de alquiler habitual. Un gran número de inquilinos pedirán paciencia en abril, mayo y junio... y más. Los propietarios querrán hacer hincapié en la retención, lo que significará dar a los inquilinos algo de indulgencia a corto plazo. Habrá una presión descendente sobre los alquileres efectivos en el próximo período, y los propietarios pedirán a sus prestamistas paciencia también.

Las perspectivas a largo plazo de los alquileres siguen siendo luminosas, aunque, a la luz de los cambios demográficos que todavía se están produciendo. Las tasas de rehabilitación de alquileres eran fuertes antes de la crisis, y la construcción de apartamentos estaba funcionando a más de 400.000 unidades anuales justo antes de la crisis, por lo que tiene algo de terreno para dar. Es probable que la zona geográfica de clase "B" tenga mejores resultados que la costosa zona geográfica de clase "A" o que la mejora de la clase "C", que puede ser más susceptible a la pérdida de empleo y de ingresos entre los inquilinos. Algunos inquilinos se "duplicarán" y puede que veamos a algunos "volver al futuro" mudándose con sus padres a corto plazo. Implícito en las tendencias positivas de alquiler a largo plazo se reafirmarán después de que la crisis termine.

El negocio de las "familias solas construidas para alquilar" podría ser un beneficiario a largo plazo ya que podríamos ver un cambio hacia unidades más grandes que se ajusten mejor al trabajo desde casa.

Otra esfera de la evolución de los bienes raíces

Los impactos en la evolución de la venta al por menor son muy claros a corto plazo. Los restaurantes y las tiendas no pueden producir más que una fracción de sus ingresos ordinarios. Amplificar esto es un efecto dominó en la economía, ya que los propietarios se preparan para un aluvión de solicitudes de ayuda para el alquiler de sus inquilinos. Se sigue viendo cuánto alivio recibirán los propietarios.

Los impactos a largo plazo no son tan obvios. Es concebible que después de que la covid-19 siga su curso, la esfera de la venta al por menor se revierta, y el efecto en la futura mejora de la venta al por menor y el entretenimiento será menor a largo plazo. La clave para esto es el tiempo que dure el distanciamiento social.

En cuanto al sector de las oficinas, la mayor parte del espacio de oficinas está en la indigencia debido al distanciamiento social, pero se podría pensar que después de que la emergencia sanitaria disminuya, las oficinas volverán a estar ocupadas. La pregunta a largo plazo es si el turno de "trabajo desde casa" se mantendrá en cualquier grado. Algunos trabajadores aprovecharán la crisis de la covid-19 para persuadir a sus empleadores de que pueden ser eficientes y productivos desde sus casas.

Sin embargo, el determinante más crucial de la demanda de oficinas es simplemente el crecimiento del empleo. Si la recesión se extiende y es más fuerte de lo esperado, entonces la demanda de nuevas zonas de oficinas será baja durante un tiempo, pero si se trata de una recesión profunda (pero corta), entonces la demanda de nuevas zonas de oficinas debería reanudarse tan pronto como lo haga la generación de ocupación.

Las empresas comerciales y los almacenes están sintiendo los impactos a corto plazo de las interrupciones en la cadena de suministro de la industria naviera, pero el efecto a largo plazo en este sector de los bienes raíces podría ser optimista. En la medida en que esta experiencia fomente más compras en línea en los años siguientes, la evolución de los almacenes podría ser estimulada.

Nuevos efectos de las políticas

Enormes y espeluznantes palancas políticas familiares están siendo lanzadas, pero esto se está haciendo a un nivel que ninguno de nosotros ha visto antes. La Junta de la Reserva Federal acaba de abrir la puerta a la moderación cuantitativa ilimitada, y se están preparando para comprar grandes sumas de valores comerciales respaldados por hipotecas. Se espera que también se produzca una aportación fiscal de enorme magnitud (una vez que se llegue a un acuerdo).

Estas acciones son cruciales, pero también es decisivo que no se permita que las políticas gubernamentales impidan la mejora. Los conocedores de la "industria de inversión" de los bienes raíces comerciales han declarado su ansiedad ante la posibilidad de que se produzca una dificultad de liquidez debido a las políticas que se están aplicando. Las normas del sistema de ajuste al mercado contribuyeron a la profundidad del desajuste de la vivienda a finales del decenio de 2000, y será fundamental asegurarse de que esta vez no surja un descenso corresponsal en el mercado de préstamos comerciales, lo que podría profundizar el descenso en esta ocasión.

¿Qué es lo que lleva la delantera en el sector inmobiliario?

Una cosa que hace que esta ruptura económica sea especialmente discutible es que está afectando tanto a la demanda como a la oferta.

Por el lado de la demanda, la respuesta a "lo que viene" depende de la rapidez con la que se controle el suceso, es decir, del ritmo de desarrollo en los nuevos casos que se avecinan, pero refiriéndose también a la crisis financiera.

Cuando los consumidores empiecen a gastar de nuevo, y el motor económico empiece a funcionar de nuevo. Esta vez, el mantenimiento de la oferta puede tardar más tiempo en reconstruirse, en particular si el suceso no se contiene uniformemente en todo el mundo, y por lo tanto puede retrasar el rebote de la demanda, lo que en sí mismo puede tener algunos efectos destructivos.

La escena alegre es que, a diferencia de la Gran Recesión, una vez que el virus es contenido y la inmunidad comienza a arraigarse en la población.

Habrá un retorno en algún momento de la demanda, de personas que no pudieron durante el cierre salir a comprar artículos de mobiliario para su casa, terminar su casa o arreglar el sistema de plomería, o, en el lado industrial, construir artefactos e instalar la instrumentación necesaria para el negocio.

Las vacaciones que fueron puestas en espera finalmente sucederán, ayudando a los hoteles y parques temáticos.

El número de casos de virus confirmados se ha aplanado en China, y China ha vuelto a ver una reanudación de la actividad comercial normal. Los datos de empresas como Federal Express y Uber en sus operaciones en China indican que el 69% de los pequeños negocios allí están abiertos de nuevo, y el 89% de los grandes fabricantes están operando de nuevo. Esto declaró que el "reinicio" económico podría ser más rápido que después de la enfermedad de la vivienda y las finanzas. Asumieron que tenemos éxito con el distanciamiento social hace tiempo.

El problema también es que una vez que el virus disminuye en la población, es probable que vuelva a surgir de nuevo a finales de este año o el siguiente una nueva transformación de éste, lo que significa que el distanciamiento social puede tener que practicarse de vez en cuando durante los próximos 12 meses también. Se acaba de publicar un sofisticado estudio que utiliza un modelo epidemiológico, realizado por el Colegio Imperial de Londres, que revela: "Para desviar un rebote de la transmisión, será necesario preservar esta línea de distanciamiento social hasta que se disponga de grandes reservas de inmunógenos para inmunizar a la población, que podrían ser de 12 meses o más.

Aun así, hay un estado cognitivo muy grande en torno a la transmisión de este virus, la probable eficacia de las diferentes argumentaciones y la medida en que la población adopta espontáneamente comportamientos de reducción de riesgos.

Esto es obviamente una seria amenaza para el comercio, las ganancias, la ocupación y los bienes raíces. La continuación del descenso será el determinante clave de cuánto tiempo y de qué manera sufrirán los mercados inmobiliarios.

Como sucedió en el fondo de la depresión de la vivienda, los inversionistas de bienes raíces con una visión a largo plazo encontrarán oportunidades para recoger activos a precios de crisis, y con la financiación de impuestos más bajos que cualquier caso visto en sus carreras.

Al igual que los grandes fondos intervinieron para comprar tierras y casas cuando los valores estaban en baja, es probable que veamos movimientos similares entre el sufrimiento que ahora está tomando forma. Estos inversores deberían asegurarse de hacer cualquier adquisición de este tipo con un ojo estudioso, una medida de paciencia y una diligencia debida concienzuda.

¿Cómo modifica el virus la "forma de hacer"?

El Covid-19 está moviendo la industria inmobiliaria.

Los recortes de puestos de trabajo a nuevas oportunidades, como en los ejemplos:

- Oficinas, hoteles y centros comerciales han sido destituidos por el virus de la corona-, lo que podría llevar a más de 12 meses de ruptura en nuestra vida "día a día".

- Los proveedores de espacios flexibles, las empresas de alquiler, los compradores de puertas abiertas, y los corredores de bolsa como Compass y Red-fin han despedido o dejado en paz a su personal.

- El virus de la coronación ha proporcionado la mayor experimentación jamás realizada en el trabajo remoto. Algunos expertos creen que podría modificar para siempre nuestra relación con la oficina física.

¿Cómo cambia el mercado?

La conducta del cliente también está cambiando la forma en que compramos y ordenamos, y eso podría tener efectos personales a largo plazo en áreas como los bienes raíces industriales.

Estamos vigilando lo que los hábiles dicen sobre la industria, y la llegada de las oficinas como el agente ha creado el proyecto de investigación más alto en el trabajo a distancia nunca antes visto.

El virus de la corona- ha lanzado el mundo de los bienes raíces a la confusión, como multitudes vacías de oficinas, hoteles, centros de negocios y centros comerciales y trabajan desde sus casas.

El virus y la "parada económica" que han seguido están transformando la forma en que la gente financia, opera, se mueve y se comporta en el sector inmobiliario.

Una visión del futuro de los bienes raíces

- "Este es el día del juicio final" para el establecimiento. Diez conocedores de la inmobiliaria exponen el acercamiento de las oficinas flexibles, y cómo se preparan ahora las personas.

- Las visitas virtuales se están utilizando como una solución para los gigantes de los bienes raíces comerciales

- 7 gráficos muestran cómo el virus de la coronación podría afectar a los bienes raíces...

- El gigante de los servicios inmobiliarios JLL explica cómo el covid-19 podría marcar el comienzo de un permanente "cambio de paradigma" hacia un trabajo más remoto.

- El aumento de las entregas en las tiendas de comestibles está produciendo una gran posibilidad para los creadores industriales de bienes raíces. Así es como el Covid-19 está cambiando la venta al por mayor y el almacenamiento.

A medida que la pandemia del virus de la coronación se extiende por todo el mundo, Business Insider Intelligence y EMarketer trabajan para estudiar el impacto del virus en cada una de nuestras áreas de cobertura.

A través de nuestra cobertura a continuación, obtenga una mejor percepción de las implicaciones económicas y de negocios que el virus coronario tiene en tendencias como el trabajo a distancia, el comportamiento de los consumidores, el gasto en publicidad global y las industrias esenciales como la de viajes, alimentos y bebidas, médica y de transporte, por ejemplo.

Dudas después de COVID-19

¿Cómo afecta el virus de la coronación a la economía?

Una simple mirada al mercado de valores le explicará que el virus de la coronación ha llevado a una economía volátil, pero hay muchos otros ingredientes en juego. El brote inicial del virus de la coronación en China interrumpió las cadenas de suministro mundiales. Incluso cuando los efectos a corto plazo terminen, la consecuencia económica a largo plazo producirá oscilaciones durante años.

¿Cómo afecta el virus de la coronación a las pequeñas empresas?

Mucho más del 96% de todas las empresas son muy pequeñas, y utilizan alrededor de la mitad de la mano de obra de los EE.UU. La mayoría de las pequeñas empresas carecen de las reservas de efectivo para capear una interrupción de un mes, y las predicciones dicen que más de 2 millones de trabajadores podrían perder sus empleos en sólo una semana como resultado de la pandemia del virus de la coronavirus. También se espera una "depresión de inicio", en la que los nuevos compañeros no entran en el mercado laboral debido a la pandemia.

¿Qué industrias están más involucradas en la caída del virus de la coronación?

Claro, la hospitalidad y los viajes son dos de las mayores industrias afectadas por COVID-19 gracias a las cancelaciones de viajes, los cierres de restaurantes y bares, y la baja autoestima de los consumidores. Las empresas manufactureras y comerciales han mantenido en gran medida las decisiones de despido, pero estas industrias podrían sufrir la presión a medida que la demanda de los consumidores disminuye.

Conclusión

El número de transacciones de bienes raíces está creciendo constantemente. Algunos de los locales fueron comprados para que el comprador pudiera ahorrar una gran cantidad de dinero de la inflación y tratar de obtener un beneficio de la misma. En otras palabras, la inversión en bienes raíces no es tan rara como lo era hace una década. Aunque en muchas áreas de inversión los ingresos no son muy altos y los riesgos son significativos, el proceso de inversión en sí mismo es necesario. Otra cosa es que las inversiones inmobiliarias han ganado recientemente una dudosa reputación. Y hay unas cuantas razones para ello: una de ellas es la larga recuperación de los costos. Los ingresos por el alquiler de bienes raíces no son tan altos como podríamos pensar. El momento de la recuperación (teniendo en cuenta los costes incurridos) puede que nunca llegue. Otra es la dudosa liquidez. Los bienes inmuebles en nuestro país están perdiendo valor con facilidad. Además, cuando se venden antes de tres años, se cobra un impuesto sobre la renta por la cantidad recibida, lo que puede anular todos los intentos de ganar dinero. También hay altos costos asociados (servicios públicos, impuestos, mantenimiento de los bienes inmuebles en buen estado). Los bienes inmuebles pueden quedar obsoletos rápidamente, con la rapidez con que se construye en nuestro país, los nuevos edificios "envejecen" más rápido que sus propietarios. Además, el apartamento adquirido en un nuevo edificio, incluso después de que un propietario se convierte en un "secundario". Y el mercado de la vivienda secundaria está pasando por momentos difíciles. La gente prefiere la vivienda en un edificio nuevo por muchas razones, entre ellas porque se otorgan préstamos preferenciales para la vivienda en casas nuevas.

Algunas personas hablan de la crisis inmobiliaria y otras del mercado de la recuperación. Algunos dicen que ya no es el momento de invertir dinero en bienes raíces, y otros, como nosotros, afirman que hoy es realmente el mejor momento para hacerlo!

La casa, sin embargo, siempre ha sido un activo indispensable y probablemente seguirá siéndolo! Es la primera cosa que piensas en comprar tan pronto como tengas algo de dinero a un lado. Sin duda, hasta hace unas décadas, los bienes inmuebles eran, según todos los indicios, la mejor inversión posible, porque se pensaba que el valor de las propiedades siempre estaba destinado a subir. Así fue, hasta que en algún momento, debido a la crisis económica, los precios de las propiedades cayeron en picado y aquellos que habían comprado una casa recientemente se vieron obligados a venderla, enfrentando grandes pérdidas. Claramente, como cualquier otro mercado, el mercado inmobiliario también está sujeto a altibajos (¡es bastante obvio!). Pero a diferencia del financiero, si conoces las reglas del juego y prestas un poco de atención, siempre es posible generar beneficios, tanto en tiempos de prosperidad como en tiempos de crisis. ¡Sólo hay que saber reconocer el momento adecuado!

¡Invertir en bienes raíces no es algo para unos pocos elegidos! No es absolutamente necesario tener cinco o seis cifras cero; ¡unas pocas decenas de miles de dólares son suficientes para obtener un cómodo ingreso mensual que le permita satisfacer algunos caprichos! Paradójicamente, la mejor manera de invertir es hacerlo sin dinero, de modo que, como ya hemos visto en un capítulo anterior, es posible obtener un excelente ingreso incluso de propiedades no poseídas! No hay que pensar que invertir en inmuebles significa comprar una villa de lujo extra o un penthouse en el centro: ¡no son los negocios inmobiliarios! Es injusto tener la idea de que el sector inmobiliario es un sector corrupto, lleno de gente sin escrúpulos, impulsado sólo por la intención de hacer dinero! ¡No es así! Entre los promotores inmobiliarios hay más o menos serios, pero muchos, como yo, hacen su trabajo con corazón y pasión, con la esperanza de mejorar la ciudad en la que viven y siendo felices de dar a la gente la casa de sus sueños. Los que hacen bienes raíces con amor, no lo hacen desfigurando el paisaje en detrimento de otros y de las futuras generaciones sólo en nombre del beneficio. En muchos años de honrosa carrera, no he construido mucho, sino que me he orientado hacia la recuperación y mejora de edificios ya existentes. Obviamente, como en cualquier otro negocio, no se puede poner a todos en la misma cesta. Es esencial conocer el área en la que se opera y la dinámica que la anima, pero todos pueden aprender. ¡Los buenos negocios inmobiliarios siempre están ahí! Lo importante es saber cómo encontrarlos y reconocerlos. La prisa es siempre un mal consejero. Hay que tener paciencia y tratar de no dejarse llevar por el entusiasmo fácil. It is always advisable to start gradually and without overdoing it, especially if you go into this sector independently and you are not very experienced.

Hay muchas maneras diferentes de invertir en bienes raíces, dependiendo de cuánto esté dispuesto a involucrarse. Por ejemplo, si clásicamente decides comprar una propiedad para obtener ingresos por el alquiler, no tendrás que mirarla como si fuera tu casa, tendrás que pensar en una perspectiva diferente. Los parámetros a tener en cuenta son innumerables, empezando por la palatabilidad de la zona y el tipo de zona de captación media que tiene, pero recuerda: ¡no tendrás que vivir allí! ¡No tienes que pensar en tus necesidades y tus gustos!

¡Debes enamorarte del negocio y no de la casa que vas a comprar! Normalmente es mejor comprar una casa "en mal estado" pero con gran potencial que una nueva. Puedes ganarla a un buen precio y reorganizarla adecuadamente. De hecho, esto es lo que hacemos: compramos propiedades, en su mayoría compuestas por diferentes apartamentos, y las renovamos, ¡creando un margen de beneficio!

Recuerda: el negocio inmobiliario se hace cuando compras una propiedad, ¡casi nunca cuando la vendes! Tienes que encontrar no sólo la casa adecuada, sino también el vendedor adecuado. Las razones para vender son innumerables: traslados, separaciones, niños que nacen, niños que crecen, familias que tienen que reducirse o ampliarse. Cada uno tiene sus propias razones para vender: para hacer un buen negocio, hay que identificar a los vendedores más motivados, aquellos que realmente necesitan y se apresuran a concluir el trato. Los buenos negocios siempre están ahí, así que otro consejo es: ¡no te canses demasiado! Tenga en cuenta su objetivo, y si el trato que ha olfateado no se lleva a cabo, ¡tenga paciencia! Mañana probablemente podrás comprar otra propiedad, tal vez incluso más rentable. A pesar de lo que pueda pensar, no son las propiedades más caras y prestigiosas las que garantizan mayores beneficios. Incluso para aquellos con un capital significativo disponible al principio, es mejor invertir en 10 apartamentos de dos habitaciones de 100.000 dólares cada uno para ser alquilados que en un ático de lujo de un millón! Hay innumerables y diferentes posibilidades de invertir en el mercado inmobiliario. Para ello no es necesario comprar una propiedad entera en plena autonomía, también porque no todo el mundo puede permitírselo y muchos no sabrían cómo gestionarlo, ni en términos de renovación ni en términos de arrendamiento.

Me despido:

El Espíritu de este libro es la unión entre el manera de trabajar en el business tradicional europeo y el moderno estilo americano.

Como innovador en la zona Española, soy Luca Vismara, conocido como "Lucas" y os he presentado este libro .

Estoy trabajando come profesional inmobiliario y asesor personal y es posible contactarme para representarte y comercializar tus propiedades, cuando vivas en mi territorio: en la actualidad estoy viviendo y moviéndome por las Islas Canarias.

De otra forma, ofrezco consultas personalizadas en calidad de experto de inmuebles residenciales y comerciales, bajo varios aspectos: "como crear una actividad comercial", "como cambiar aspecto a tu bar/business", "home staging (como cambiar aspecto a tu casa)".

Disponible a través de cursos o video conferencias y llamadas personalizadas por toda la área Hispánica o Española.

http://www.lucavismara.es

EL SECTOR INMOBILIARIO COMERCIAL

PARA NOVATOS

Invertir en inmuebles comerciales
a pesar de la "caída económica"
del mercado inmobiliario

Lucas V.

Introducción

Bienes raíces: todo el mundo habla de ello. Parece que todos conocemos a alguien que conoce a alguien que se ha vuelto muy exitoso gracias a ello. Desafortunadamente, debido a lo rentable que puede ser, la gente a menudo lo clasifica como uno de esos negocios para gente rica en lugar de lo que realmente es: uno de esos negocios que hacen a la gente rica. Si ha decidido aventurarse en el mundo de los bienes raíces, tome asiento. Gracias a este libro, a la dedicación y a tu fuerza de voluntad, te harás un buen lugar en el mundo de los bienes raíces. Esto es lo mejor de los bienes raíces; hay suficiente espacio para todos los que estén interesados.

Antes de que puedas hacer algo efectivo en este mundo, tienes que entenderlo completamente. Los bienes raíces no favorecen a los hombres de negocios impulsivos o a las personas que no tienen un conocimiento suficiente. Antes de hacer algo, debes estudiar.

¿Qué son los bienes raíces comerciales?

Los bienes raíces simplemente tratan con la posesión de tierras y edificios. Cuando se utiliza la palabra "comercial", suele haber un poco de confusión. La gente pregunta: "¿No son todos los bienes raíces comerciales? ¿No están siempre involucrados los negocios? ¿No es el objetivo hacer dinero?". Estas preguntas son válidas pero, sin embargo, la explicación es simple. En el sector inmobiliario, los edificios y las tierras se alquilan, venden, compran y alquilan. La transacción comercial puede ser entre el vendedor (que se llama agente inmobiliario) y los individuos o entre el agente inmobiliario y las organizaciones comerciales. Cuando se trata de individuos, puede haber varias razones para la venta. Sin embargo, si es entre agentes inmobiliarios y organizaciones empresariales, estamos hablando de comprar, alquilar o arrendar un espacio de trabajo. Los bienes raíces comerciales se refieren a los tratos comerciales relativos a propiedades que están destinadas a fines comerciales. Cuando se mencionan los bienes inmuebles comerciales, es necesario saber que la propiedad en cuestión no es para uso personal. Cuando se trata de espacios de vida, se conoce como bienes raíces residenciales.

Al igual que los inmuebles residenciales, los inmuebles comerciales se dividen en cuatro categorías. Estas categorías son:

1. **Oficina**: Esto se refiere a los edificios que se utilizarán como oficina de cualquier tipo.

2. **Multifamiliar:** Las casas multifamiliares son casas que permiten que más de una persona viva allí para que el cobro de la renta se convierta en un negocio en sí mismo.

3. **Venta al por menor**: Esto se refiere a los edificios que fueron construidos y diseñados con fines de venta al por menor. Estos incluyen supermercados, tiendas y otros negocios minoristas.

4. **Industrial**: estos espacios se refieren a los edificios utilizados para producir bienes.

El edificio industrial se divide a su vez en tres clases:

- **Clase A**: Esta clase se refiere a los edificios que se basan en la edad o la calidad y que tienen un cierto valor estético. Estos edificios son muy valorados y muy competitivos. Son los que tienen buena ubicación y otras cualidades que los hacen atractivos.

- **Clase B**: Los edificios de clase B son edificios antiguos que no atraen a tanta gente y por lo tanto no son tan competitivos como los de clase A debido a los precios que tienen. Hay menos competencia en lo que respecta a los precios. Estos edificios suelen estar marcados para ser restaurados.

- **Clase C**: Los edificios que caen en esta categoría son generalmente viejos. En promedio, tienen más de veinte años de edad. Debido a su edad, requieren mantenimiento. También se encuentran en zonas que no son atractivas.

Es muy importante familiarizarse con estos términos y clases.

Capítulo 1:

Lo que debe saber sobre los bienes raíces comerciales

Necesitas saber que los bienes raíces son más que sólo ser un propietario. La mayoría de la gente no tiene la idea correcta. Pensamos en los problemas y tensiones que le damos a nuestros propietarios y asumimos que esa es la definición de invertir en bienes raíces. Los bienes raíces no son para todos, de acuerdo. Sin embargo, antes de decidir que es lo que quieres hacer, debes saber qué es y qué esperar. Disuadirse por el miedo a lo desconocido es una de las formas más seguras de no obtener beneficios o tener éxito.

Cuando se invierte en bienes raíces comerciales, se abre la posibilidad de obtener mayores rendimientos. Cuando tienes un edificio en una zona, el beneficio que obtendrás de él depende de cuánto tráfico recibe esa zona. Piensa en ti como un hombre de negocios que está tratando de sacar su negocio allí. Usted decide alquilar un lugar y tiene dos opciones. La primera es en un área con una alta población. Esa área tiene mucha gente que pasa por ella. En la segunda área, la vida es más lenta y reservada y la población no es tan buena como la anterior. ¿Cuál de esas dos opciones elegirías? Normalmente, elegiría la primera opción ya que hay más posibilidades de que la gente pueda descubrir su negocio. Por lo tanto, aunque el precio de ese edificio sea más alto, le parecería justo y no le importaría pagar por ello. Esta es una de las razones por las que los precios varían y difieren.

Si tienes una propiedad en venta en una zona estudiantil y una pizzería quiere comprarla, deberías saber lo que tu edificio puede ofrecerles. Los inquilinos residenciales están menos obligados a esto.

Otra ventaja de entrar en la escena de los bienes raíces en el ámbito comercial es que generalmente es más fácil para usted como persona. Un inquilino que vive en una residencia puede elegir ignorar los pequeños defectos. Si pueden vivir con ellos, los ignorarán aunque sólo empeoren. Sin embargo, la mayoría de los negocios preferirían arreglar incluso los defectos más pequeños para dar a su edificio una mejor imagen. También hay varias mejoras que los propietarios de negocios llevarían a cabo en la propiedad. Por ejemplo, su inquilino decide mejorar el sistema de cableado para mejorar su negocio. Cuando se vaya, no se llevará el cableado con él. El valor de su propiedad entonces aumentaría.

Generalmente, es aún más fácil alquilar a los negocios. Tome el cobro de los alquileres como ejemplo. Normalmente, la mayoría de los negocios pagan sus alquileres a tiempo. Ese pago suele ser presupuestado y considerado primero. No querrán arriesgarse a perder el edificio. Sin embargo, en el caso de los inmuebles residenciales, es muy común encontrar resistencia a la hora de cobrar los alquileres. Es más fácil para una persona huir para evitar las rentas que para una empresa.

¿Cómo funciona la inversión en bienes raíces comerciales?

La lógica detrás de los bienes raíces comerciales es muy fácil de entender. Cada espacio de oficina o edificio comercial es un producto de bienes raíces comerciales. Hay más de una manera de hacer dinero con ello. Cuando se habla de bienes raíces comerciales, mucha gente deja de pensar en los alquileres, y eso es todo. Eso significa tener una mente cerrada. Es cierto que para dedicarse a los bienes raíces comerciales se necesitan más fondos, pero eso también tiene toda una plétora de ventajas. Dado que el objetivo de los inmuebles comerciales es ayudar a obtener beneficios y no proporcionar un lugar para descansar la cabeza, los clientes involucrados suelen ser objetivos por lo que pueden ganar de su ubicación. Descubrir eso te da una ventaja. Ningún buen hombre de negocios decidirá alquilar un espacio para su negocio sin saber muy bien lo que puede ganar con él.

Los riesgos de los inmuebles comerciales pueden ser muy atractivos si uno juega bien sus cartas. También es una de las formas más fáciles de tener una cartera diversificada. Los bienes raíces comerciales no son una calle de un solo sentido. Hay varias maneras de obtener beneficios. Estas son formas que no están disponibles cuando se invierte en bienes raíces residenciales.

¿Qué tan rentable es el mercadeo de bienes raíces?

No hace falta decir que los bienes raíces son tal vez uno de los negocios más rentables en los que uno puede entrar. Generalmente, los inversionistas de bienes raíces reportan varios niveles y cantidades de ganancias en sus inversiones. El monto de la ganancia que se obtiene en realidad depende del tipo de inversión que se realiza. Por ejemplo, el retorno promedio de la inversión asociada con bienes raíces residenciales se fija en un promedio de 10.6% anual. Por otro lado, las propiedades comerciales producen ganancias algo más altas. El promedio es del 12%, lo que lo eleva un poco más que los bienes raíces residenciales. Sin embargo, esto realmente depende de lo que haces y de cómo lo haces.

Los bienes raíces comerciales como un ingreso pasivo

Un ingreso pasivo es una forma de ganar dinero que no depende de cuánto tiempo pases trabajando. A menudo, encontramos que no nos pagan por nuestras habilidades sino por nuestro tiempo. Sin embargo, hay tanto tiempo en un día y fuera de esas horas disponibles, hay un máximo que podemos usar. Un ingreso pasivo no depende de esas horas que pasas trabajando. Por supuesto, en la etapa inicial, tu tiempo sería muy necesario para ponerlo en marcha. Sin embargo, una vez que ya no seas un novato, los siguientes pasos dependerán de lo bien que lo hayas hecho en las etapas iniciales. El tiempo comenzará entonces a trabajar para usted y no al revés.

Los bienes raíces, en particular los comerciales, son una muy buena manera de ganarse la vida pasivamente. La construcción de ingresos pasivos se está volviendo cada vez más importante con el paso de los años. Los trabajos ya no son sólidos y, si quieres ser objetivo, tener una opción secundaria es algo inteligente. Por un lado, un ingreso pasivo puede realmente financiar tu plan de retiro. Puedes concentrarte en tu plan de ingresos activos mientras que tus ingresos pasivos planean la vida que tendrás después de eso. Su ingreso pasivo puede ayudarle a ahorrar dinero, aumentar su fortaleza financiera, hacer crecer sus ahorros, o incluso puede decidir enfrentarlo directamente y deshacerse de sus fuentes de ingreso activo.

Si quieres deshacerte de tus ingresos activos, tendrás que diversificar. Esto significa que probablemente necesitarás tener más de una fuente de ingresos pasivos. De esta manera, no correrás ningún riesgo, que es el objetivo de tener un ingreso pasivo. Tener múltiples fuentes de ingresos también tiene algunos beneficios cuando se trata de impuestos. Normalmente, pagamos impuestos sobre los ingresos ordinarios, los ingresos de inversión o de cartera, y los ingresos pasivos. El dinero obtenido de los bienes raíces definitivamente se clasificaría como inversión o ingreso de cartera. Este tipo de ingreso no tiene tantos impuestos, lo cual es sorprendente, considerando lo que se puede hacer con él.

Hay cuatro estrategias que debes conocer para obtener un ingreso pasivo de los bienes raíces comerciales.

Financiamiento

El financiamiento de bienes raíces es una nueva forma que los inversionistas de bienes raíces están usando para hacer dinero. Si estás acreditado como inversor, puedes participar en la financiación de una propiedad inmobiliaria. Puedes tomar un lugar como uno de varios inversionistas que se unirán para contribuir con el fin de permitir que un tercero compre e incluso controle y administre una propiedad de inversión. El producto de dicha inversión variará según la propiedad comprada y la cantidad aportada. Esto se reduce a la estructura organizada para compartir los beneficios. Se puede pagar mensualmente, trimestralmente, semestralmente o anualmente. El éxito del financiamiento depende de quien sea el inversionista, y por eso debes considerarlo con mucho cuidado.

Propiedad en alquiler

Esta es una forma obvia que todo el mundo conoce. La mayoría de la gente tiene un conocimiento de los bienes raíces que se limita a las propiedades de alquiler. Hay muchas maneras de alquilar propiedades comerciales. La idea general es alquilar una propiedad a un negocio u organización que le pague el alquiler. Cualquier renta que ese inquilino te pague debe ser definitivamente mayor que la cantidad que gastaste en el edificio. Si cada mes le pagan $1,300 y se da cuenta de que paga $300 por mes en gastos, significa que en realidad está ganando $1000 por mes. La mayoría de la gente tiene responsables que se encargan de las obligaciones que el alquiler presenta. Por lo general es mejor delegar todo lo que puedas, mientras sigues obteniendo beneficios. De esa manera, no te atascas y bloqueas otras posibles corrientes.

Dividendos del REIT

REIT significa Fideicomiso de Inversión en Bienes Raíces. REIT se refiere a las empresas que se comercializan pública o privadamente. Estas empresas reúnen dinero de los inversores para comprar y administrar múltiples propiedades comerciales de bienes raíces. Luego, pagan al menos el 90% de los ingresos que son objeto de impuestos a los accionistas. De esta manera, el retorno de los dividendos es mayor que la mayoría de las otras acciones.

El costo de esto es bastante bajo ya que otros inversionistas también están involucrados en esto. Los rendimientos que proporcionan valen mucho la pena. Los ingresos de esto no son gravados como un ingreso pasivo. Más bien, se gravan como ingresos de cartera.

Realizando notas de hipoteca

La mayoría de la gente nunca ha oído hablar de lo que significa realizar un pagaré hipotecario. Se puede obtener un ingreso comprando o creando un pagaré hipotecario. Es bastante avanzada, un poco complicada y por lo tanto no tan popular. Aunque un bajo número de personas se involucran en ella, los que lo hacen juran por ella.

Los pagarés y las hipotecas tienen significados y deberes similares, aunque son dos documentos diferentes. A un comprador se le presta dinero para comprar un inmueble y se le da el pagaré y la hipoteca como documentos o contratos. Es en el pagaré donde se describe el calendario de pagos. La deuda será pagada en un método acordado y la nota tendrá los detalles de la misma. La hipoteca, por otro lado, es una forma de garantía que se da al prestamista en caso de que el prestatario/comprador no cumpla con los términos acordados en el pagaré.

En un momento determinado, cada mes, el prestatario o comprador paga al prestamista un pago de capital e intereses. El prestatario es el que mantendrá la propiedad y pagará todos los impuestos, así como el seguro, mientras que el prestamista sólo cobra sus pagos a su vencimiento y mantiene los registros.

El método más común y fácil de ganar dinero a través de los bienes raíces es el alquiler y el arrendamiento, por lo que debe prestarle mucha atención. Toda la esencia de comprometerse en bienes raíces es hacer dinero de manera pasiva para darte una opción a la que recurrir.

¿Por qué invertir en bienes raíces comerciales?

Los bienes raíces comerciales no son la única forma de obtener un ingreso pasivo. Parece que requiere mucho, así que mucha gente se pregunta por qué exactamente deberían probarlo. Aquí hay algunas razones principales por las que deberías invertir en bienes raíces:

Diversificación

Mucha gente trata de diversificarse porque no quieren poner todos los huevos en una sola cesta. Esto no sólo es inteligente; también es muy importante. Hay varias maneras de diversificar. Uno puede diversificar a través de acciones, bonos y otros métodos. ¿Por qué bienes raíces? Bueno, los bienes raíces tienen varios patrones de comportamiento que no se encuentran en otros ingresos pasivos. Por un lado, una caída en el precio de las acciones no afecta el hecho de que la gente aún necesite negocios. Mientras un negocio va a la quiebra, otro se pone en marcha. A medida que se crean más puestos de trabajo, se necesitan más espacios de oficina. Es una de las formas más seguras de diversificar. También es uno de los ingresos pasivos que requieren menos presencia.

Mejora del flujo de caja

Los bienes raíces comerciales no son sólo el presente. Si se toman grandes decisiones, uno sabría definitivamente que la posibilidad de apreciación en el futuro es grande. Si se cobran alquileres, se sabe que los alquileres son un gran porcentaje de lo que se gana. Una vez que el alquiler se fija, no bajará excepto en el caso de que el inquilino se mude, y si se encuentra en una zona caliente, incluso habrá competencia por ello. Los ingresos serán regulares y tener un ingreso regular permite que la planificación y el presupuesto se amplíen y crezcan.

Menor Volatilidad.

La volatilidad se refiere a la medición de la incertidumbre sobre el precio de un instrumento financiero. Los precios de las acciones y de los bonos están sujetos a una alta volatilidad. A diferencia de cualquier otro tipo de bienes raíces, los bienes raíces comerciales suelen implicar acuerdos a largo plazo. Por lo general, firman un acuerdo de 3 a 5 años. El hecho de que sea más largo reduce la volatilidad en gran medida. Algunos contratos de arrendamiento incluso se extienden a períodos de tiempo más largos. Por cualquier período que se firme un contrato de arrendamiento, se tiene una gran seguridad de recibir una determinada suma de dinero durante un tiempo bastante largo. El hecho de que los bienes inmuebles se negocien públicamente reduce aún más la volatilidad. Tener una sensación de seguridad añadida a sus instrumentos financieros le ayuda a uno a planificar con antelación y a tomar decisiones basadas en una previsión acreditada.

Los activos físicos

A diferencia de otras herramientas financieras, los activos duros son más sólidos. Si sigues los precios de las acciones, te das cuenta de que el valor que se les da está determinado por la demanda y la oferta. Esto significa que las noticias o los eventos pueden hundir una acción que iba muy bien. No son físicos, y esto significa que pueden perder su valor en un abrir y cerrar de ojos. Esto significa que el valor intrínseco de los bienes raíces está profundamente arraigado tanto en el edificio como en el terreno. Eso no puede desaparecer. Claro que puede devaluarse, pero el ritmo y el riesgo de que eso ocurra puede evitarse y reducirse. Es más difícil equivocarse en los bienes raíces que en las acciones. Una vez que le tomas el truco a los bienes raíces, estás obligado a cometer menos errores. Los activos duros pueden ser renovados para aumentar su valor. Una caída de los precios nunca es tan repentina como en las acciones.

Posibles beneficios fiscales

En el caso de varios eventos, hay varios beneficios fiscales que se pueden reclamar. Eventos como los gastos de intereses, la depreciación y varias otras cosas atraen esas deducciones de impuestos.

Tomemos, por ejemplo, el hecho de que el IRS permite a los inversores de bienes raíces comerciales reducir una parte del valor depreciado de una propiedad. Esto es en un intento de ayudar a contabilizar los gastos de mantenimiento y conservación. Hay varias leyes de impuestos que permiten una deducción en los impuestos.

La presencia del seguro

Debido a la naturaleza de las acciones y los bonos, casi nunca es posible estar completamente protegido por un seguro. En el mejor de los casos, se puede cubrir. La cobertura es un método utilizado para protegerse, no bloquea al inversor de los pasos negativos. Más bien, proporciona un plan B si eso ocurre. De la explicación, es obvio que no significa estar completamente protegido. El seguro, por otro lado, es diferente. Si ocurre un desastre natural o cualquier otro tipo de accidente, su seguro puede pagarlo. La presencia de un seguro hace que las posibilidades de riesgo sean aún menores para el inversor.

Por supuesto, la principal razón por la que debe invertir en bienes raíces comerciales es que es una forma muy pasiva de hacer dinero. Si usted ha estado deseando un escape de su ciclo financiero ordinario, esta podría ser la respuesta para usted. Afortunadamente, gracias a la forma en que está establecido, puedes contratar la mayoría del trabajo requerido y aún así obtener beneficios. La gente siempre querrá empezar un negocio. Siempre habrá nuevas ideas que aún están por realizarse. Los edificios comerciales siempre estarán necesitados, y cuando entres en un negocio que implique el suministro de algo que se necesitará para siempre, sabes que vas por el buen camino.

Los bienes raíces comerciales ofrecen una libertad financiera que muchos anhelan. A partir de ella, se han construido imperios. El hecho de que da un poco de seguridad de un futuro rentable lo convierte en un pastel caliente. Por supuesto, uno tiene que hacer un gran esfuerzo en la etapa inicial. Pero cuando se pone la cantidad adecuada de capital, el éxito está garantizado.

Históricamente, los bienes raíces han funcionado muy bien a lo largo de los años. Ha mostrado un gran rendimiento y ha demostrado ser una buena inversión. Ha superado tanto a las acciones como a los bonos, lo cual no es una sorpresa. El crecimiento que ha mostrado ha sido constante y muy estable. Por supuesto, esto no significa que sea inmune a los cambios y que no pueda ser afectada por bajas generales como la inflación. Sólo significa que ha demostrado ser capaz de recibir un golpe mucho mejor. No se prevé que el crecimiento que experimenta se detenga pronto. De hecho, se predice que mejorará en los próximos años.

¿Por qué fracasan algunos negocios inmobiliarios?

Por lo que hemos discutido hasta ahora, el mundo de los bienes raíces comerciales podría parecer como el arco iris y el sol. Puede sonar como si fuera imposible fracasar. Parece sencillo con muchos métodos de precaución. Incluso puede pensar que el fracaso es raro o imposible. Es hora de dejar de pensar en eso. Mucha gente fracasa en el sector inmobiliario. Claro, la parte introductoria suena fácil y divertida. Sin embargo, a medida que profundicemos, se notará por qué es tan fácil que mucha gente fracase. Pero ahora puedes ver el fracaso de otros para saber las cosas que no debes hacer. En este capítulo, veremos algunas de las razones más comunes por las que la gente fracasa en el sector inmobiliario:

No tienen la mentalidad adecuada

Hay varias razones por las que los inversores inmobiliarios fracasan. Sin embargo, una de las razones más comunes es la forma en que piensan. La actitud que tienen hacia una cosa afectará en gran medida su rendimiento. Muchos inversores inmobiliarios no tienen la suficiente confianza para tomar decisiones. A veces, tomamos buenas decisiones, pero terminamos cuestionándonos tanto que cambiamos de opinión cuando no deberíamos. Cuando alguien comienza el viaje de los bienes raíces, suele ser optimista. Por supuesto, sabe que se encontrará con algunos problemas, pero cuando los problemas llegan, normalmente no es en el área donde lo esperaba. A veces, los problemas a los que se enfrenta causan pérdidas, y por eso empieza a perder la confianza en sí mismo. El pesimismo interviene y cuando eso sucede, se acaba el juego. Cuando un inversor duda de sí mismo, deja de invertir tanto porque, consciente o inconscientemente, siente que no puede tener éxito y alcanzar lo que desea.

Mal trabajo en los listados

Muchos agentes inmobiliarios no se toman el tiempo de crear listados atractivos. Su listado puede afectar en gran medida el éxito de su negocio. Por supuesto, hay algunos edificios en áreas que no necesitan listados. Esto se debe a que son tan populares que en el momento en que se desocupan, nuevos inquilinos hacen fila. Idealmente, ese es el tipo de propiedad que todo inversionista de bienes raíces quiere pero, en realidad, no siempre lo conseguimos. Es su listado el que hará que su edificio disponible se vea tan atractivo como sea posible. Piense en su anuncio como la primera manera de atraer a los compradores. En su anuncio, la información debe ser presentada de forma precisa y atractiva. Un anuncio no es un lugar para exagerar la perfección del lugar. Más bien, es una oportunidad para resaltar los lados buenos de una manera muy realista. Si no canaliza todo lo que tiene en sus listados, su propiedad permanecerá en el mercado por mucho más tiempo del que debería y eso contribuiría a la caída de su negocio. Tómese el tiempo necesario para crear el listado perfecto. Creo firmemente que si supera con éxito su primer año, sobresaldrá. El primer año es el más difícil. Es un tiempo de errores, de aprendizaje, e incluso de más errores. Sin embargo, si uno comete demasiados errores, es comprensible que quiera darse por vencido. Es por eso que todos deben trabajar muy duro durante el primer año.

Subestiman el trabajo duro

Por supuesto, es importante tener la mentalidad correcta. Desde luego, el conocimiento y las herramientas que usted tiene también son importantes. Pero incluso con todas estas cosas, es posible que apenas puedas escalar a través de ellas. Sin un trabajo duro, no tienes ninguna posibilidad de tener éxito. Un ingreso pasivo requiere que pongas una muy buena base para cosechar beneficios. Cuando se entra en un negocio nuevo, el trabajo duro es tan importante como los conocimientos. Muchos de los nuevos inversores en bienes raíces no trabajan lo suficientemente duro. Canalizan su energía en otras cosas. Como dije, en el primer año, el trabajo duro es extremadamente importante. Los inversores inmobiliarios exitosos han invertido horas de su tiempo en ello antes de descansar para ver madurar sus frutos. Mientras lo preparan, deben poner todo en ello y saber que en un tiempo, lo disfrutarán. Cuando se empieza, las horas pueden ser duras, pero ayuda cuando recordamos que es sólo el comienzo. Habla con un exitoso inversor inmobiliario que conozcas. Pregúntale cuántas horas ha dedicado a preparar las cosas y te darás cuenta de que para obtener un ingreso pasivo, el trabajo duro debe haber sido sembrado.

No comprenden completamente lo que es la propiedad inmobiliaria

La triste realidad es que como se asocia a menudo con gente rica y poderosa, muchos tienen suposiciones erróneas sobre ello. Estas personas ricas y poderosas suelen tener en sus manos muchos ingresos pasivos, y asumimos que simplemente se sientan y se relajan mientras se hace dinero. Eso nos hace pensar que si también entramos en el negocio, sería así de fácil hacer dinero. ¿Pueden los bienes raíces hacer mucho dinero? ¡Sí! ¿Es fácil? ¡No! Deberías saber qué es exactamente lo que puedes hacer y qué necesitarás para lograrlo. Los bienes raíces son un negocio y no una avenida de duplicación de dinero. Las vidas o historias sofisticadas que ves sólo cubren una parte del negocio principal. No esperes disfrutarlo inmediatamente. Hay muchas ventajas cuando se invierte en bienes raíces. Piense en cómo puede hacer un futuro más brillante para usted y cómo puede darle un poco de seguridad financiera. Entre por las razones correctas y no tendrá problemas.

Esperan ganancias de inmediato

El hecho de que el dinero entre de inmediato no significa que los beneficios entren. Imagina que gastas un total de 100 dólares en adquirir una propiedad y prepararla para el alquiler. Digamos que su primer inquilino paga 10 dólares cada mes. El hecho es que mensualmente, una porción de dinero entra. Sin embargo, eso no es todavía una ganancia. La mayoría de la gente no considera esto. Otra cosa es que incluso cuando tienes una propiedad en tierra lista para ser alquilada, puede tomar bastante tiempo antes de que uno consiga inquilinos. Ese período de espera y búsqueda puede ser bastante desalentador, especialmente si eres un novato. Si usted entra en una propiedad inmobiliaria esperando a que le den dinero en efectivo de inmediato, la realidad lo decepcionará. Sin embargo, para aquellos que son lo suficientemente diligentes como para esperar pacientemente hasta que su negocio se construya, experimentarán el lado grande y rosado de los bienes raíces comerciales.

Se asocian con la gente equivocada

El problema de asociarse con la gente equivocada es que tener un mal miembro en el equipo puede arruinar todo lo que has construido. Como inversionista de bienes raíces comerciales, tendrás que asociarte y hacer contactos con varias personas que ayudarán a que tu negocio crezca. Los agentes de bienes raíces, por ejemplo, son algunas de esas personas. Sin embargo, tal y como uno esperaría, hay buenos y malos. Si tu equipo está lleno de personas que simplemente buscan su propio beneficio personal, descubrirás que destruirán tu sueño en lugar de ayudarte a construirlo. Quienquiera que se asocie con usted debe tener un objetivo similar y debe entender sus necesidades. No debes asociarte con gente que no te lleve consigo. A medida que crezcas, conocerás a otros inversionistas de bienes raíces comerciales que estarán tan involucrados en tu objetivo como tú. Esas son las personas con las que debes relacionarte.

Cobertura de la seguridad

Cuando piensas en un cercado, ¿qué te viene a la mente? ¿Una protección de algún tipo? Si esa fue tu respuesta, tienes razón. La cobertura tiene que ver con la protección de las carteras de los inversores. Piensa en ello como un seguro para el inversor aunque funcione a su manera.

Cuando la gente se involucra en la práctica de la cobertura, se está protegiendo contra acontecimientos negativos imprevistos. Esto es como lo que le haces a un coche o a una casa. No puedes predecir el futuro y no quieres que le pase nada negativo a tu cartera y por eso la cubres. Al igual que en los seguros, no te protege de todo, pero es mucho mejor que nada.

¿Qué es la protección?

La garantía protege a los propietarios y administradores de las carteras, a los inversores e incluso a las empresas. Cuando se realiza una cobertura, se utiliza de forma estratégica el instrumento financiero para compensar los riesgos en el caso de que el precio se mueva de la forma en que no se había previsto.

Esto significa que literalmente estás tomando una posición que te apoyará si el resultado real es el opuesto a lo que predijiste. La cobertura se paga comprando una opción de venta que te protegerá o te protegerá si se produce un gran movimiento negativo.

La garantía es mucho más precisa que el seguro. Sin embargo, como la protección no es perfecta, es difícil tener una libre de errores. Dado que los riesgos son comunes y no deben ser pasados por alto, los inversores deben hacer todo lo posible para protegerse. La garantía hace que esa oportunidad esté disponible.

La gestión del riesgo es una parte importante de cualquier negocio. Hay muchos consejos que los inversores le darán para ayudarle a tomar mejores decisiones cuando se trata de protegerse contra el riesgo. Aquí están algunas de las mejores decisiones que te ayudarán a reducir tus riesgos.

Consejos para el manejo de riesgos:

Considere la relación recompensa/riesgo

Cuando realice el análisis y detecte una señal de entrada, incluso antes de realizar un pedido, piense en dónde quiere obtener beneficios y dónde pretende realizar su orden de detención de pérdidas. Como hemos dicho antes, comprométase con su interfaz y no sólo en su cabeza. Luego mida la recompensa y la proporción de riesgo.

Además, tenga en cuenta cuánto podría colocar en la operación con el 1 o 2% máximo en mente. A menudo, te darás cuenta de que no vale la pena. El riesgo nunca debe ser mayor que la recompensa, si no se ve bien para ti, pásalo por alto. No vayas a buscar maneras de poner más. Siempre hay mejores oficios. Una cosa que mucha gente hace es pensar en cuánto quiere poner y cuánto quiere sacar. Entonces, encuentran un comercio y tratan de colocar en las órdenes de detención de pérdidas y ganancias que se ajusten a lo que quieren. Pero esto no funciona de esa manera; el comercio dicta. No se le dicta al comercio.

Evitar los altos fijos que no tienen en cuenta la volatilidad

Mucha gente sugiere que los comerciantes hagan uso de los topes fijos para su limitación de pérdidas, pero esto no es aconsejable. Piense en ello como alguien que intenta ganar dinero rápido; es peligroso. No quieres aumentar los riesgos en una empresa que ya es arriesgada. Es más arriesgado porque el impulso no es constante, y tampoco lo es la volatilidad. Esto significa que algunos precios experimentarán fluctuaciones. Si el precio no fluctuara, entonces el mercado de valores sería muy predecible. Cuando notes una mayor volatilidad, establece tu límite de pérdida y tu ganancia en consecuencia. Deberían ser más amplias para evitar pérdidas y ganancias inmaduras. Cuando la volatilidad es baja, asegúrate de fijarlos también en consecuencia.

Tratar de mantenerse alejado de las paradas de emergencia

Cuando creas una operación sin riesgo moviendo tu parada de pérdida muy cerca del punto de entrada, te estás enjaulando. Sus ganancias podrían sufrir muchísimo, no te preocupes por tu seguridad. Estos son errores que no cometerás si analizas las cosas correctamente. Especialmente como un agente de bolsa, debe darse el tiempo necesario para arriesgarse. Los precios fluctúan; suben y bajan. Un límite de pérdida es bueno, pero no lo coloque muy cerca de su ingreso.

Compare su tasa de ganancias

Sí, como algunos dicen, una tasa de ganancia es inútil. Los que lo dicen tienen razón, pero una tasa de ganancia sólo es inútil si se considera exclusivamente. El punto es que una tasa de ganancia no es inútil; no se debe considerar individualmente. Si un comerciante ignora una tasa de ganancia, está ignorando algo que puede proporcionar una visión muy valiosa. Su tasa de ganancia debe ser muy alta o tendrá que aferrarse a las operaciones por un tiempo. Si tienes una tasa de ganancia del 40%, puedes retirarte si tu beneficio: el riesgo es mayor que 1.6. Gracias a estas estadísticas, es más probable que operes de manera rentable.

Incluso si intentas conseguir una tasa de ganancia muy alta o si haces operaciones por un tiempo, nunca serán una garantía.

Utilizar objetivos semanales

Como comerciante de divisas, no deberías medir tu rendimiento por día; te mantiene limitado de perspectiva. Para ser capaz de analizar adecuadamente tu rendimiento, necesitas considerarlo a largo plazo. También podría crearte mucha presión. Date el tiempo de una semana, no un día. A escala diaria, trata de negociar tan bien como puedas. Pon todo lo que puedas en cada operación. A escala semanal, sigue tus reglas. Trabaja en tu disciplina. Mensualmente o cada dos meses, asegúrate de seguir una rutina profesional. Ahora, puede revisar los errores que ha cometido y proponer nuevas lecciones y reglas para asegurarse de que nunca más cometerá esos errores.

Haga uso del múltiplo R

El múltiplo R se utiliza para medir su rendimiento. Muestra los resultados de tus operaciones. Puedes considerar el Múltiplo R así como la relación recompensa:riesgo. El ratio recompensa:riesgo es la medida que compara tu recompensa y tu riesgo. Cuando consideras esto, te da una visión realista de lo que estás haciendo. El comercio no es un lugar para el optimismo extremo. Si eres optimista, tienes que haber hecho algo para respaldarlo. Si comparas el Múltiple-R con tu recompensa:riesgo, tendrás nuevas percepciones y podrás buscar lo que causó las diferencias.

Preste atención a la gestión de riesgos

En este libro, hemos hablado de varias maneras de manejar los riesgos. Detener la pérdida, tomar beneficios, diversificar, el etc. A su manera, cada una de ellas es muy importante. Uno no debe darlos por sentado. Pueden parecer engorrosos, pero es mucho mejor dejar que te agobien ahora que tener que enfrentarte a varias pérdidas. Incluso los mejores comerciantes cometen errores. Esto no significa que no sean profesionales. Sólo muestra la inestabilidad del mercado.

1. Lleve un registro de todas sus finanzas

Es simple; sólo tienes que llevar un registro de tus ingresos totales y alistar todos tus gastos. Te permitirá tener una idea de cuánto dinero puedes invertir.

Sin embargo, no asuma que no podrá invertir si sólo tiene una pequeña cantidad de efectivo disponible. Puede obtener fácilmente un préstamo si tiene un trabajo estable, un ingreso regular y un sólido historial de empleo.

2. Obtener una pre-aprobación

Puede obtener una pre-aprobación a través de un corredor hipotecario de confianza y con experiencia o un prestamista. Sin embargo, si tiene alguna duda sobre su capacidad financiera para invertir, debe consultar a un corredor antes de solicitar la pre-aprobación.

3. Asegúrese de sus objetivos

Los objetivos son diferentes de un inversor inmobiliario a otro; así que, establezca sus objetivos junto con una fecha límite realista. Un error común que debe evitar es establecer metas demasiado altas o poco realistas.

4. Conoce los riesgos que puedes soportar

Su estrategia será dictada por su perfil de riesgo; por lo tanto, tenga claro los tipos de riesgos que está dispuesto a tomar. Entender su actitud hacia los riesgos le ayudará a crear su estrategia perfecta.

5. Empiece a presupuestar

El presupuesto es la única manera de asegurarse de que ha mantenido y va a mantener un balance positivo entre sus ingresos y gastos. El presupuesto no sólo le permite saber a dónde va su dinero, sino que también le ayuda a crear planes para gastos mayores.

6. Crear un plan de inversión

No puedes comprar lo que quieras cuando se trata de bienes raíces. Necesitas crear un plan para tus compras para que tengas el crecimiento y los beneficios que deseas.

7. Sigue las últimas tendencias

Sigue las últimas tendencias de la industria. No existe un método único y verdadero, lo único que le ayudará a tener éxito es mantenerse en contacto con la industria y comprender los riesgos que conlleva.

8. Sea paciente y manténgase enfocado

Un error común que la mayoría de los compradores de propiedades comerciales o de casas hacen al invertir en bienes raíces es dejar que sus sentimientos interfieran con su trabajo. Recuerde siempre que está tomando decisiones racionales, no emocionales.

Si sigues aprendiendo y probando nuevas estrategias, seguramente tendrás éxito.

Capítulo 2:

Todo está en tu mente

Si has leído este libro, felicidades. Me alegra decirte que casi nada puede detenerte ahora. Seguro, encontrarás pérdidas, pero esas pérdidas te enseñarán todas las lecciones que necesitas. Sin embargo, dije que casi nada puede derrotarte. Espero que se pregunte qué es lo que este extenso libro no cubre. La respuesta es usted. Ahora, usted es el único que puede superarse a sí mismo. Incluso si sigues todos los consejos dados en este libro, todavía puedes vencerte a ti mismo muy fácilmente. ¿Cómo? Con tus sentimientos. Tus mayores debilidades están en tu mente. Afortunadamente, puedes derrotarlos.

Las emociones peligrosas

Hay cinco emociones que pueden arruinarte como corredor de bolsa. La parte más triste de esto (y la más peligrosa también) es que las emociones nos controlan y por lo tanto aprender a controlarlas es muy difícil. Puedes encogerte de hombros y decirte a ti mismo: "Después de todo, no soy emocional, esto no es para mí". Entonces estarías equivocado. Si alguna vez has perdido una gran suma de dinero aunque sea por un segundo, sabes cómo se siente el pánico. No tienes que ser emocional para sentir ciertas cosas. Aquí hay algunas emociones a las que debes prestar atención:

La codicia

¿Cómo podemos describir la codicia? ¿Conoces esa sensación de querer más? Bueno, eso no es codicia. Es la sed que nos lleva al éxito. Si no hay sed o hambre de hacer algo que nunca hemos hecho antes, muchos logros serían sólo sueños. Lo que pasa con la sed o el hambre es que si no les prestas atención, pueden convertirse en codicia. Piensa en ti como un pescador que ha estado buscando medios de ingresos. De repente, consigue un bote, algunas herramientas y un buen conocimiento sobre cómo pescar. Tiene un buen capitán que cuida el barco mientras conduce. Hace unos días, no tenía comida. Hoy en día está consiguiendo pescado que puede vender y comer. Cuando ve lo rentable que es, se levanta temprano para pescar y no se acuesta hasta tarde. Hace todo eso porque tiene sed. Sin embargo, cuando empieza a llevar 500 peces en su bote (que son 400) para maximizar sus ganancias, se vuelve codicioso. Ya no quiere usar redes, así que empieza a electrocutar los peces en el agua y a sacarlos en grandes cantidades; es codicioso.

Tú podrías ser ese pescador. Cuando empiezas a poner más del 2% en lugar de intentar aumentar tu saldo disponible, te vuelves codicioso. Cuando haces un análisis rápido para tomar posiciones temprano, te vuelves codicioso. Cuando te niegas a diversificar y en su lugar hundes el capital en un solo terreno que sientes que será fértil para siempre, eres codicioso y la codicia te empujará a tomar decisiones equivocadas.

Cómo protegerse de la avaricia

La forma más eficiente de protegerse contra la codicia, es hacer un análisis y seguir el plan comercial. Es tu plan de negocios el que dictará, lo que has planeado hacer en un momento de pensamiento crítico. Recogerás los beneficios a su debido tiempo y no más tarde.

El miedo

El miedo es una emoción terrible; en mi opinión, es una de las más fuertes. El miedo de un asesino mata más rápido que el propio asesino. Regresemos a nuestro pescador. Planea salir a las profundidades del mar para conseguir algunos peces raros, así que alista su equipo y pasa el tiempo necesario para prepararse. Sin embargo, planear algo y hacerlo son dos experiencias diferentes. Así, nuestro pescador entra en los mares turbulentos. Ve las olas elevándose y teme por su pequeño bote. Se pregunta si es seguro ahí fuera. Cuestiona su decisión. Piensa en el costo de su bote, de su equipo y de su vida. Si los pierde, volverá a ser un hombre pobre y, peor aún, estará en deuda. Y así, nuestro pescador decide volver. Acaba de perder mucho tiempo.

Tú también podrías ser ese pescador. El miedo le hará perder la fe en su propio análisis. Por eso pedimos a los comerciantes que estén seguros de su análisis. El miedo hará que se cuestionen todas las decisiones racionales que han tomado. Lo peor es que el miedo es capaz de hacerte entrar en pánico. El pánico hará que te rindas más rápido de lo que deberías. El pánico te hará saltar de un trato que estaba a punto de favorecerte. Sin embargo, el pánico no puede instalarse sin el miedo.

Cómo protegerse del miedo

Lo primero que debes hacer es cubrir todas las posibilidades. Tu miedo es inteligente si te saca de un acuerdo desastroso. Pero, si cubres todas las bases, tendrás la ventaja. Analiza todo con paciencia. Sin embargo, eso no es todo. Cada vez que llegues a una conclusión, apúntala en tu diario comercial junto con la razón por la que llegaste a esa conclusión. Cuando el miedo quiera establecerse, eso será su consuelo. El miedo es mortal y cuando el pánico se instala, tu habilidad para tomar decisiones racionales es atacada. Usted no quiere que eso suceda, y debe luchar contra ello. Actualice su diario de operaciones con todos los detalles y análisis que necesite. Te ayudarán a poner tu mente en completo descanso.

Esperanza

A menudo se nos dice que esperemos el futuro, pero en los negocios, no hay lugar para la esperanza. Los análisis no se construyen sobre la esperanza. Se construyen sobre pensamientos y cálculos racionales. Pensemos de nuevo en nuestro pescador. Sale y ve que es un mal día. Ha comprado algo de combustible, una red y un nuevo equipo. Todas esas cosas cuestan dinero. Pero ve que el clima es malo. Sin embargo, ha gastado dinero, y no quiere perderlo, así que empieza a decirse a sí mismo que el tiempo mejorará. Ya está en él y no quiere salir con una pérdida, así que se dice a sí mismo que tenga paciencia. Las gotas de lluvia cubren el barco, pero se dice a sí mismo que tenga paciencia porque el sol pronto brillará y lo secará.

Tú podrías ser el pescador. Ha analizado su punto de pérdida y lo ha elegido correctamente. No das una orden de alto de pérdida, pero la escribes en algún lugar (ese es tu primer error). Cuando la señal de pérdida llega, desarrollas esperanza y te dices a ti mismo que tal vez, sólo tal vez, se levantará. En cambio, sigue hundiéndose más y más hasta que pierdes más de lo que habrías perdido si hubieras obedecido la orden de evitar la pérdida.

¿Cómo protegerse de la esperanza indebida?

En el comercio de acciones, la esperanza debería ser lo último que se añade. Tu análisis correcto debe ir primero y luego, debes obedecer las reglas que has establecido para ti y tu comercio. Nada es más importante; escribe tu plan de negocios y mantente en él.

El exceso de confianza

El exceso de confianza es la otra emoción mortal. El exceso de confianza se produce cuando dejas que incluso las pequeñas victorias se te suban a la cabeza y sientes que tus victorias están relacionadas contigo y no con el trabajo que has hecho. Tenemos a nuestro pescador de nuevo. Esta vez, las cosas le van bien. Planea cinco horas y navegar en un barco lleno. Después de un tiempo, empieza a planear durante cuatro horas y cuando ve que su barco sigue lleno, planea dos. Sin embargo, eso no es suficiente y por eso, un día, pasa tan poco tiempo planificando que no prevé una tormenta que destroce su barco.

Podrías ser como el pescador. No estás experimentando el éxito por lo que eres. Lo haces por tu trabajo. Cuando te sientes demasiado confiado, empiezas a subestimar el valor del trabajo y de la preparación que haces. Por lo tanto, obtendrás malos resultados.

¿Cómo protegerse del exceso de confianza?

Tengan una rutina de comercio y un plan de comercio. Están obligados a mantenerte bajo control. Usted debe seguir su plan de negociación como una regla. Recuerde que primero debe planear el intercambio y luego el plan de intercambio. Durante la operación, las emociones se intensifican, pero sólo debe tomar las decisiones que ya ha establecido en su plan.

Lamentarse

La última emoción es el remordimiento. El lamento es una emoción que no clasificaré como mala. El arrepentimiento en sí no es malo, pero lo que desencadena puede ser bueno o malo. Por ejemplo, nuestro pescador se da cuenta de lo tonto que ha sido. Ha dañado su barco y ahora tendrá que hacer algunos pequeños trabajos para conseguir dinero para arreglarlo. El daño que ha hecho es bastante caro, y se arrepiente de no haber prestado más atención. Si nuestro pescador decide vender la madera que queda en su bote y se da por vencido, ha perdido. Pero si decide analizar dónde se equivocó, elegir sus errores, trabajar en su análisis y tener cuidado, no cometerá los mismos errores dos veces.

Cómo evitar el arrepentimiento

Cuando las cosas van mal, sobre todo cuando nos damos cuenta de que podríamos haberlo evitado, el arrepentimiento es bastante normal. Sin embargo, sale mal cuando permites que te lleve negativamente. Tal vez decidas negociar de forma insegura para recuperar tus fondos o tal vez decidas renunciar. Lo que sucede puede estar un poco fuera de su control. Cuando ocurran pérdidas, evalúe, aprenda y preste atención a sus errores, asegurándose de no cometerlos nunca más. Rendirse es la pérdida real.

Capítulo 3:

Pasos para construir un plan de negocios

A menudo hablamos de planes comerciales pero no todos saben cómo construir uno. Aquí hay diez pasos sencillos que pueden ayudarle. Un plan de comercio es donde escribirás cada paso que des. Responderá a las preguntas de qué, cuándo y cómo. Incluso responderá al por qué.

1. Aprender: ¿Qué conocimiento te falta? ¿Qué sientes que no sabes? Apréndelo. Reúne tantos conocimientos como puedas.

2. Prepárate: Prepárate mentalmente y financieramente, incluso emocionalmente. Ten la cabeza despejada. No entres con una actitud arriesgada.

3. Escriba cualquier riesgo posible: Evalúe el saldo de su cuenta. Decida el porcentaje que está dispuesto a arriesgar. Ten en cuenta que incluso puedes arriesgar menos del 1%. Intente asegurarse de que gana más de 100 dólares en cada operación debido a las comisiones.

4. Establezca objetivos: Decida lo que quiere ganar y lo que está buscando.

5. Analice: Escanea, analiza técnicamente e investiga tanto como puedas. Es aquí donde empiezas a planear tu negocio. Recibe señales fuertes. Las

218

señales que recibes deben ser aquellas en las que crees plenamente. Si te asustan, busca otras. Hay muchos ahí fuera.

6. Establece las reglas de salida: ¿A qué hora saldrás? Esto es o bien tomar ganancias o bien detener la pérdida.

7. Establezca las reglas de entrada: ¿Cuándo es el mejor momento según la señal?

8. Grabar todo: Grabar todo de forma ordenada. Es este registro el que te retendrá si el miedo trata de aparecer.

9. Analiza tu rendimiento: Analiza tus victorias y tus pérdidas aquí. Aprende de los errores y felicítate cuando hagas los movimientos correctos.

La rutina; ¿Por qué es importante?

Como comerciante, necesitará tener una buena rutina, la pones en marcha y se convierte en una parte de ti. Las rutinas no son sólo para tu comercio. Son para ti y para tu vida personal; para que puedas comerciar en tu mejor momento, necesitas estar en tu mejor momento, y por eso debes tener una rutina. Son para ti y para tu vida personal. Para que puedas comerciar en tu mejor momento, necesitas estar en tu mejor momento, y por eso debes tener una rutina. Un hombre que ha dormido dos horas no puede entrar en un mercado y obtener tantos beneficios como un hombre descansado Debes cuidar toda tu vida. Aquí hay una simple rutina que puede seguir. Por supuesto, puede ajustarla, pero trate de mantener la idea general.

1. Coma comidas saludables. 2. Nunca cambies cuando tengas hambre.

2. Revise e identifique la tendencia de la gráfica diaria al principio de la semana.

3. Señale los puntos o niveles importantes de apoyo y resistencia horizontal al principio de la semana.

4. Revise sus mercados favoritos y esté atento a las tendencias obvias.

5. Busque operaciones que cumplan con sus criterios.

6. Si encuentra una operación que le gusta, tome una posición; haga la operación.

7. Si no encuentra ninguno, váyase.

8. Duerme de 6 a 8 horas.

9. Revise su negocio por la mañana. Evite las emociones y, en caso de duda, consulte nuestros métodos de control de emociones. Sólo dé un paso en su negocio si hay una razón lógica para hacerlo.

Cuando el trato con otras personas es la parte principal de tu trabajo, es extremadamente importante que trabajar contigo sea agradable. Una razón común por la que muchos agentes inmobiliarios no logran permanecer mucho tiempo en el negocio es porque es difícil trabajar con ellos.

Ser difícil de trabajar es una forma segura de fracasar como agente de bienes raíces.

Consejo: cuando se trabaja con compradores y vendedores, siempre hay que tener en cuenta que hay cientos o incluso miles de otros agentes en cualquier mercado con los que se puede trabajar. Si trabajar con un agente es difícil, es bastante fácil para un comprador o vendedor encontrar un agente más simpático.

Un agente que tiene una buena reputación con otros agentes también tiene una mayor probabilidad de triunfar en el negocio. Muchos agentes inmobiliarios fracasan porque es difícil trabajar con ellos y otros agentes harán todo lo posible para evitar trabajar con ellos.

Hay docenas de razones por las que los mercados inmobiliarios son diferentes, de hecho, los mercados pueden ser significativamente diferentes incluso si están cerca. Esto significa que un mercado puede ser fuerte mientras que otro es débil. Otra razón por la que los agentes inmobiliarios no logran entrar en el negocio es porque no pueden superar los tiempos difíciles.

Mientras que un mercado inmobiliario es fuerte, es común ver a la mayoría de los agentes haciendo bien y prosperando en el negocio. Dado que los bienes raíces son cíclicos, es inevitable que un mercado difícil llegue eventualmente, que es cuando se llega a ver si un agente de bienes raíces va a fracasar o no. Muchos agentes inmobiliarios fracasan porque no pueden superar un mercado inmobiliario deficiente.

Consejo: siempre planifique para los tiempos difíciles que se avecinan. Es extremadamente importante hacer crecer su tubería, su número de contactos y su negocio en general, incluso durante un mercado fuerte. Los agentes exitosos siempre están aprendiendo y encontrando varias maneras de fortalecer su negocio aún más. Conclusión: ¡no se confíe durante un mercado inmobiliario fuerte!

Reflexiones finales

Hay muchos negocios en la industria inmobiliaria. El porcentaje de agentes inmobiliarios que fracasan es demasiado alto. Es extremadamente importante que todos los agentes de bienes raíces, ya sean nuevos o veteranos, se den cuenta de por qué fracasan.

Si el número de profesionales de bienes raíces fuertes que entran en el negocio aumentara, sería bueno para la industria. Los agentes más fuertes que entren y permanezcan en el negocio significarían una mejor experiencia para los compradores, vendedores y otros profesionales de bienes raíces.

Fundamento #1: Determinar si la inversión en la propiedad comercial es la estrategia correcta para usted.

Como en el caso de los inmuebles residenciales, la inversión en propiedades comerciales requerirá diligencia. Estas complejas transacciones de bienes raíces le ayudarán a entender si la propiedad potencial se ajusta a la estrategia de inversión correcta para sus necesidades y objetivos financieros.

Flujo de efectivo:

Como su nombre lo sugiere, una estrategia de flujo de efectivo implica entender y manejar sus expectativas. Antes de avanzar en este tipo de estrategia, hágase las siguientes preguntas:

- Si la propiedad tiene un flujo de caja mensual más bajo, ¿significa eso que no es un buen negocio?

- Si la propiedad tiene un flujo de caja mensual más alto, pero tiene otros riesgos, ¿significa esto que es una buena opción para mi cartera?

A medida que responda a estas preguntas, tenga en cuenta que las estrategias serán diferentes para cada propiedad. Identifique sus expectativas, gestione esas expectativas y, a continuación, con una visión imparcial, determine si la propiedad cumplirá esas expectativas y, por tanto, alcanzará sus objetivos financieros. Por último, el objetivo de las propiedades de flujo de efectivo es ser una estrategia de inversión más pasiva, que requiere un enfoque menos práctico (especialmente cuando se compara con una propiedad de valor agregado).

Valor Agregado:

Una propiedad que se considera "valor agregado", por lo general se refiere a una que necesita algún trabajo completado antes de que pueda, a) lograr valores de alquiler mensual más altos, o b) ser alquilada a los inquilinos. Teniendo esto en cuenta, una propiedad de valor agregado generalmente cumple con los siguientes criterios:

- Necesita una renovación.
- Hay un mantenimiento diferido.

- El exterior/el paisaje de la propiedad necesita ser mejorado.

Una propiedad de valor agregado es una estrategia activa. Además, tendrá muchas partes móviles, lo que significa que tendrá que confiar en su equipo local para completar eficazmente cada etapa. A medida que agregue valor a la propiedad, debe reconocer que su flujo de caja será generalmente más bajo. Sin embargo, una vez que se haya agregado el valor a la propiedad, comenzará a ver flujos de efectivo más altos, así como un mayor valor de venta cuando decida finalmente vender la propiedad comercial.

Tiempo de espera:

Cuando se está mirando una propiedad, se debe determinar cuál es un marco de tiempo aceptable. Por ejemplo, las propiedades de flujo de caja suelen estar listas para ser alquiladas inmediatamente, mientras que las propiedades de valor añadido tendrán que ser renovadas antes de alquilar las unidades y/o el edificio entero. Hay algunos plazos generales que pueden esperarse para cada tipo de estrategia de inversión comercial.

- Las propiedades de valor añadido suelen tener un tiempo de retención de uno a tres años.

- La compra y venta en un plazo de 12 meses normalmente se alinea con una estrategia de giro (frente a una estrategia de compra y retención).
- Las propiedades de flujo de caja pueden utilizarse para generar los ingresos necesarios para invertir en otra propiedad.
- Las propiedades comerciales en zonas de alta plusvalía suelen ser retenidas, ya que la oportunidad de aumentar las rentas de mercado es mayor.

Apreciación:

Al mirar las propiedades comerciales, considere la posible apreciación. Las siguientes preguntas le ayudarán a determinar cuánto tiempo quiere conservar la propiedad, antes de decidir venderla:

- ¿Hay una alta demanda de tierra / espacio para construir en el área local?
- ¿Se está mudando más gente (año tras año) a la zona?
- ¿Han seguido aumentando (o disminuyendo) los precios de los alquileres?
- ¿Están llegando negocios a la zona?

Estas preguntas pueden ayudar a determinar el tiempo de retención de una propiedad comercial y proporcionar información útil sobre la apreciación proyectada de la inversión.

Fundamento #2: Determinar si la inversión multifamiliar es la estrategia adecuada para usted

Cuando se invierte en propiedades multifamiliares, se debe decidir qué tipo de proyecto se quiere comprar. Teniendo esto en cuenta, ya que las propiedades multifamiliares son las más cercanas a las propiedades residenciales, la mayoría de la gente tiende a gravitar hacia este tipo de construcción.

Proyecto de flujo de caja:

Un proyecto de flujo de caja tendrá por lo general las siguientes características:

- Altas tasas de ocupación (idealmente junto con bajas tasas de rotación, es decir, los residentes suelen renovar sus contratos de arrendamiento año tras año).
- Las unidades se alquilan a las tasas de alquiler actuales del mercado o por encima de ellas.
- Los gastos son bajos y/o están cubiertos por las tasas de alquiler que se obtienen.

Proyecto de valor añadido:

Un proyecto de valor añadido tendrá por lo general las siguientes características:

- Tasas de ocupación más bajas (especialmente cuando se comparan con las propiedades de la competencia en el área local).
- Las unidades se alquilan por debajo de las tasas de alquiler actuales del mercado.
- El exterior o el interior deben ser actualizados.
- Los costos de operación son elevados (tal vez debido a los mayores costos de mantenimiento, al aumento de los gastos o a la mala gestión).Typically, more difficult to manage than a cash flow property.

Proyecto del período de retención:

Para un proyecto de período de retención, primero compare el flujo de caja con el potencial de valor añadido de una propiedad. Las siguientes preguntas pueden ayudar a determinar si la propiedad multifamiliar se ajusta a sus necesidades de flujo de caja, así como a su estrategia general de inversión:

- ¿Cómo se comparan los alquileres con las tasas de alquiler actuales del mercado?

- ¿Cómo se comparan el interior y el exterior de la propiedad (y las unidades) con otras propiedades de la zona?
- ¿Proporciona la tasa de ocupación un flujo de efectivo mensual suficientemente alto?
- ¿Qué se puede hacer para a) aumentar los alquileres mensuales, b) aumentar las tasas de ocupación o c) reducir los gastos de funcionamiento?

Fundamento #3: Determinar si la venta al por menor / arrendamiento de triple red es la estrategia correcta para usted

Un arrendamiento de triple red (triple-red o NNN) se refiere a un acuerdo de arrendamiento en el que el inquilino paga todos los impuestos de bienes raíces, el mantenimiento y el seguro del edificio de la propiedad comercial. Además, el inquilino paga los "honorarios normales", como el alquiler, los servicios públicos, etc. Los inversores podrían querer comprar una propiedad comercial y aplicar un contrato de arrendamiento triple neto por las siguientes razones:

- Una estrategia menos práctica (normalmente utilizada con un cliente minorista).

- Los beneficios pueden ser menores que los de otras estrategias de inversión, pero ésta es una estrategia más pasiva.
- El riesgo tiende a ser un poco menor.
- Fácil de administrar (por lo general, la comisión de administración es menor si participa un administrador de propiedades; sin embargo, la mayoría de los arrendamientos de triple red no tienen un administrador de propiedades).

Esta estrategia suele aplicarse cuando se desea estimular la cartera.

Fundamento #4: Entender el financiamiento de la propiedad commercial

El financiamiento de las propiedades comerciales es normalmente diferente al de las propiedades residenciales. De hecho, muchas oportunidades comerciales requieren que los inversores cumplan con normas de ingresos o de patrimonio neto más elevadas, pudiendo también hacer un compromiso financiero mayor.

Tasas de interés:

Las tasas de interés para las propiedades comerciales dependen de la tasa de interés preferencial actual, y también es importante comprender cómo los bancos realmente piden prestado el dinero necesario para otorgarle un préstamo con una tasa de interés fija o variable.

Tasa de interés preferencial: la tasa más baja a la que se puede prestar dinero comercialmente.

Cómo se prestan los bancos: los bancos obtienen su dinero pidiendo prestado a la tasa de interés preferencial, prestándole a usted, agregando una tasa de interés por encima de ella, y luego ganando su dinero a partir de ella.

Amortización:

Los bancos pueden extender el período de amortización (AM). Por ejemplo, puedes tener un préstamo a 10 años con un período de amortización de 20 años. En este último caso, cuanto más largo sea el AM, menos deuda pagarás mensualmente. Cuanto más corto sea el AM, mayor será el pago mensual. Como se ve a continuación, cada período AM tiene sus pros y sus contras:

- El pago de la deuda es menor, pero la tasa de interés es mayor.
- El AM más corto tiene un pago de deuda más alto, pero una tasa de interés más baja.

Duración del préstamo:

La duración del préstamo suele estar relacionada con la duración del contrato de arrendamiento. Al decidir entre las opciones de financiación, es importante tener en cuenta tanto la duración del préstamo como el período de amortización.

Arrendamiento Triple Red / Financiación al por menor:

Los arrendamientos de triple red y la financiación al por menor se basan normalmente en los siguientes factores:

- Se examina el plazo del arrendamiento para determinar el período de amortización, así como el período del préstamo.
- La cuota inicial suele ser de entre el 25 y el 35 %.
- El tipo de interés suele ser más bajo (sin embargo, depende del pago inicial efectuado, así como del período de arrendamiento).
- Los bancos suelen refinanciar cuando el inquilino renueva el contrato de arrendamiento. Sin embargo, el tipo de interés puede cambiar en ese momento y ser más alto que el promedio del cinco al seis por ciento de interés que se suele conceder.

Arrendamiento Triple Red / Financiación al por menor:

Los arrendamientos de triple red y la financiación al por menor se basan normalmente en los siguientes factores:

- Se examina el plazo del arrendamiento para determinar el período de amortización, así como el período del préstamo.
- La cuota inicial suele ser de entre el 25 y el 35 %.
- El tipo de interés suele ser más bajo (sin embargo, depende del pago inicial efectuado, así como del período de arrendamiento).
- Los bancos suelen refinanciar cuando el inquilino renueva el contrato de arrendamiento. Sin embargo, el tipo de interés puede cambiar en ese momento y ser más alto que el promedio del cinco al seis por ciento de interés que se suele conceder.

Financiamiento multifamiliar:

Existen varios tipos de oportunidades de financiación multifamiliar:

Préstamo de agencia: este tipo de financiación se produce para propiedades que están valoradas en más de un millón de dólares. Este tipo de préstamo también tiene un período de amortización de 30 años y una baja tasa de interés fija (por un período de tiempo determinado).

Préstamo tradicional: este tipo de financiamiento tiene términos de préstamo específicos, generalmente tiene una tasa de interés de entre el cinco y el seis por ciento, y a menudo tiene un período de amortización de 25 años.

Financiamiento de una sola familia vs. Financiamiento comercial:

Una oportunidad de financiamiento para una casa unifamiliar generalmente tiene las siguientes condiciones:

- Se amortiza uniformemente durante el plazo del préstamo.
- Tiene una tasa de interés fija durante todo el período del préstamo.
- Hay una mayor demanda y por lo general un mercado secundario para las casas unifamiliares.
- A menudo se basa en la tasación de la vivienda.
- La financiación comercial normalmente explora las siguientes condiciones:
- El plazo del préstamo suele coincidir con el período de arrendamiento.
- Suele haber un período de amortización más largo.
- El tipo de interés fijo suele ser por un período de tiempo determinado, y luego entra en un período "flotante".

- Hay un mercado secundario más pequeño, lo que significa que los tipos de interés suelen ser más altos.

- El préstamo suele basarse en la corriente de efectivo de la propiedad, más que en su valor de tasación.

Fundamento #5: Saber cómo leer un formulario de propiedad comercial de alquiler

Un proforma de una propiedad comercial de alquiler es esencialmente un análisis financiero de la propiedad. Como parte de esta declaración, tendrá que revisar los ingresos brutos, las tasas de vacantes, así como los gastos de funcionamiento.

Ingresos brutos:

Los ingresos brutos se definen como la cantidad de ingresos que podría recibir si la propiedad estuviera ocupada al 100%.

Vacante:

La vacante es típicamente un porcentaje de los ingresos brutos. Cuando se calcula la vacante (así como las tasas de vacancia proyectadas), la mayoría de los inversionistas generarán modelos financieros basados en un 5% menos que la tasa de ocupación actual.

Gastos **operativos:**

Los gastos operativos incluirán el mantenimiento, los servicios públicos, los impuestos sobre la propiedad y los honorarios de gestión. Tenga en cuenta que con una propiedad de alquiler triple neto no pagará los gastos operativos mencionados.

En general, las propiedades multifamiliares deben ver el 25 - 40 % de los ingresos brutos dedicados a los gastos operativos. Esta suma dependerá de numerosos factores, incluyendo si la propiedad se considera como un flujo de caja o como una propiedad de valor añadido. Si es esto último, entonces tendrá que tener en cuenta los costos de renovación y mejora de la propiedad al revisar los gastos de funcionamiento.

Servicio de la deuda:

La parte del servicio de la deuda de un documento proforma se refiere al pago de su deuda, sin incluir los gastos de operación.

NOI (Ingresos Operativos Netos) = Ingresos Brutos - Vacantes - Gastos Operativos:

El NOI se calcula como el efectivo que recibirá antes de que se retiren los impuestos, pero después de que haya pagado todos sus gastos operativos. Es importante tener en cuenta que el NOI no incluye el servicio de la deuda.

Tasa CAP:

La tasa CAP es su NOI expresado como un porcentaje comparado con lo que pagó por la propiedad de inversión comercial. Puede pensar en ello como el retorno de la inversión generado antes de que el servicio de la deuda sea eliminado.

Efectivo en efectivo (COC):

El COC es su ROI después de que usted ha sacado el servicio de la deuda. Es importante notar que el COC no se calcula sobre el precio de compra, sino sobre el pago inicial cuando compró la propiedad de inversión comercial.

Tasa Interna de Retorno (TIR):

La TIR mostrará el rendimiento de su inversión. En otras palabras, la TIR le ayuda a determinar si su dinero está "creciendo" adecuadamente con su propiedad de inversión comercial actual o si hay otra oportunidad de inversión (más fuerte) que lo llevaría a una TIR más alta.

Fundamento #6: Entender el arrendamiento de la triple red

Como se mencionó anteriormente, muchos inversores en bienes raíces comerciales que desean disfrutar de un riesgo menor y una estrategia pasiva, a menudo exploran las oportunidades que podrían venir con el arrendamiento triple neto. Es importante señalar que los arrendamientos netos triples son únicos e incluyen diferentes criterios que deben cumplirse antes de seguir esta ruta.

NNN absoluto (Triple Neto):

- Un NNN absoluto debe cumplir los siguientes criterios:
- Usted es el propietario del edificio; el inquilino paga todos los gastos.
- -Los impuestos sobre la propiedad, el mantenimiento y el seguro son pagados por el inquilino.
- Los gastos, honorarios, alquiler mensual, etc. están explícitamente escritos en el contrato de arrendamiento. Además, se determina cómo el inquilino pagará los gastos mencionados (es decir, ¿el inquilino "le devolverá" cada mes los gastos además del alquiler mensual acordado, o los gastos se facturarán directamente al inquilino para que cada mes reciba un solo cheque de alquiler?).

NN (Doble Neto):

En un NN, normalmente establecemos las siguientes condiciones:

- Todos los gastos se facturan al inquilino excepto el techo, la estructura y los gastos de aparcamiento.
- Los gastos asociados con el techo variarán. Típicamente, en esta situación, el techo será algo que va a durar de 20 a 30 años, y por lo tanto no suele proporcionar gastos elevados durante el plazo del contrato de arrendamiento.
- La estructura dependerá de cuándo se construyó el edificio, así como de cómo se construyó, lo que dará lugar a gastos menores o mayores para el propietario.

Condiciones de alquiler:

Al examinar los términos del contrato de arrendamiento, tenga en cuenta las siguientes pautas de retorno de la inversión:

- Si el plazo de arrendamiento es de 3 años o menos, entonces quiere un CAP del 8 % o más. Esto se debe a que normalmente hay un mayor riesgo asociado a un plazo de arrendamiento más bajo.
- Si el plazo de arrendamiento es de 3 a 5 años, entonces usted quiere un CAP del 7 al 8 %.

- Si el plazo de arrendamiento es de 5 a 10 años, entonces quiere un CAP del 6,5 al 7 %.
- Si el plazo de arrendamiento es de 10 años o más, entonces usted quiere un CAP del 6 %.

Comps en el área (alquiler y venta):

Es importante tener en cuenta los siguientes factores cuando se piensa en invertir en una propiedad comercial con una oportunidad de alquiler triplemente neta:

- Mirar los precios de alquiler, así como los términos comunes de arrendamiento, para edificios similares en el área.
- Mire lo que un inquilino similar está pagando en alquiler (para un tipo de espacio similar en la zona).
- Examine las ventas recientes en el área.
- ¿Cuál es el CAP para tipos de edificios similares vendidos recientemente en el área?

Grado de inquilino:

El grado del inquilino debe ser evaluado cuando se considere un arrendamiento triple neto. Para calcular el grado del inquilino debe hacerse las siguientes preguntas:

- ¿Cuál es su capacidad de crédito?
- ¿Es el inquilino digno de confianza?
- ¿Está respaldado por una empresa pública?

- Generalmente, cuanto más alto sea el grado del inquilino, más bajo será el CAP. Sin embargo, mientras que el CAP puede ser más bajo, los inquilinos de mayor grado a menudo ofrecen menores riesgos.

Fundamento #7: Entender el papel de la administración de la propiedad de los edificios comerciales

El papel de la administración de la propiedad en los bienes raíces comerciales es un poco diferente al de los residenciales. Un administrador de propiedades comerciales tendrá diferentes responsabilidades, dependiendo del tipo de propiedad. Por ejemplo, un propietario normalmente no tendrá un administrador de la propiedad para los arrendamientos netos triples.

Si el propietario adopta un enfoque completamente pasivo, el costo de la administración de la propiedad será mayor.

Fundamento #8: Determinar si es necesaria la asistencia de los inversores o la gestión de activos

La asistencia a los inversionistas es proporcionada por un experto de la industria, así como por su equipo de propiedades, para explorar activamente otras oportunidades del mercado inmobiliario.

Algunas inversiones comerciales también ofrecerán oportunidades de gestión de activos del equipo de propiedades (para que pueda adoptar un enfoque de inversión más pasivo).

Obtendrá el valor adicional de saber que hay expertos locales sobre el terreno, que le proporcionarán su aportación directa y aplicarán su experiencia a sus inversiones comerciales.

Aproveche los conocimientos de un inversor experimentado al elegir una propiedad inmobiliaria comercial.

¿Cuándo debo utilizar un administrador de activos?

Un administrador de activos se utiliza a menudo cuando se compra una propiedad de varios inquilinos. Un administrador de activos puede ser especialmente beneficioso cuando los inversores están tratando de obtener financiación para un multiarrendatario o una unidad múltiple, y el proceso es más complejo.

Los administradores de bienes son expertos en su campo, tienen una amplia experiencia en la compra y administración de este tipo de bienes y pueden guiarlo a lo largo de todo el proceso. Si usted es un principiante, los administradores de activos pueden ser muy útiles.

10 preguntas frecuentes sobre la inversión en propiedades comerciales

Recuerda que siempre puedes hablar con tu consultor de inversiones para aprender más sobre las propiedades comerciales, y él o ella te ayudará a reconocer la mejor estrategia de inversión para ti.

1 - Estoy interesado en ser un CCIM (Certified Commercial Investment Member), ¿a dónde voy para eso?

Vaya a CCIM.com y tome al menos una clase de introducción, o la clase 101. Estas clases de educación proveerán una gran introducción al mercado de inversión comercial.

2 - ¿Puede encontrar un préstamo comercial totalmente amortizado a 20 - 25 años?

La respuesta corta es sí. Es más probable que consiga uno por 25 si viene de un banco local.

3 - ¿Por qué el NOI (Ingreso Operativo Neto) no incluye el servicio de la deuda?

La respuesta corta es que "simplemente no lo hace". La respuesta más larga es que conseguir préstamos es un proceso sesgado, mientras que el efectivo no lo es, por lo que el NOI no incluye el servicio de la deuda.

4 - ¿Qué es la red absoluta?

El neto absoluto significa que el inquilino paga todos los gastos. En este caso, el valor bruto será el mismo que el neto absoluto.

5 - ¿Un inquilino de mayor grado resultaría en una tasa de interés más baja del prestamista?

Sí, lo hará, porque el riesgo se reducirá tanto para usted como para su prestamista.

6 – Are closing costs included in CAP rate NOI calculations?

The short answer is yes, due to the fact that closing costs are considered a part of the initial investment and expenses. Thus, they are included in the NOI calculation.

8 - ¿Quién gestiona un Triple Net Lease (NNN)?

Típicamente, tú, el propietario, administrarás un NNN. Sin embargo, si quieres un administrador de la propiedad, siempre puedes contratar a uno para que administre los NNN.

9 - ¿Cuál es el rendimiento típico de una propiedad multifamiliar o comercial?

El rendimiento dependerá de la demanda dentro del mercado. Por ejemplo, si hay una gran demanda en el mercado, entonces normalmente tendrá un rendimiento menor. Sin embargo, el flujo de caja suele ser mayor, ya que hay una gran demanda. En otras palabras, la estrategia, el mercado y el riesgo tendrán un impacto directo en el rendimiento de una propiedad multifamiliar o de venta al por menor.

10 - ¿Qué pasa con el aumento de los tipos de interés? ¿Cómo afectará eso a mi flujo de caja cuando se ajuste la tasa?

Por lo general, usted tendrá escaladas de alquiler dentro del contrato de arrendamiento para adaptarse al aumento de las tasas de interés. Esto mantendrá un flujo de efectivo constante a medida que las tasas de interés aumenten potencialmente.

Pros y contras de la inversión en propiedades comerciales:

¿Planea invertir en una propiedad comercial pero no sabe por dónde empezar? Aquí hay algunas variables y fundamentos que debe considerar, según el ejecutivo senior de ventas metropolitanas de Savills NSW David Hickey y el ejecutivo de ventas de Savills Selin Ince:

Pros:

- Fuerte tasa de retorno del capital invertido. Las propiedades comerciales generalmente proporcionan un mayor rendimiento de la inversión inicial.

- Flujo de ingresos seguro.
- Típicamente, los aumentos estructurados de renta se incluyen en los acuerdos de arrendamiento.
- Períodos de arrendamiento más largos. En promedio, un contrato de arrendamiento para una propiedad comercial es de 3 a 10 años (y a veces más), mientras que los contratos de arrendamiento promedio para propiedades residenciales son de seis meses a un año.
- Los contratos de arrendamiento son en su mayoría transferibles.
- El inquilino suele ser responsable de los gastos de la propiedad como las tasas del ayuntamiento y el uso del agua.
- Los inquilinos normalmente añaden valor. Por lo tanto, hay un incentivo para hacer mejoras que van de la mano con el aumento del valor de su propiedad comercial. Esto puede llevar a que el propietario de una propiedad comercial pueda cobrar tarifas más altas a los futuros inquilinos.
- Mayor elección de propiedades para adaptarse a una amplia gama de presupuestos.

Contras:

- Los períodos no ocupados pueden dar lugar a una pérdida de ingresos, debido a la vacante.
- Dificultad para pagar la deuda debido a una reducción de ingresos causada por una vacante.
- Contribuciones e incentivos de equipamiento (períodos sin alquiler).
- Condiciones económicas más amplias que afectan a la capacidad de los inquilinos para pagar el alquiler (económicamente vulnerables).
- El mayor obstáculo para entrar en el mercado inmobiliario comercial es el capital inicial requerido. Los prestamistas pueden necesitar depósitos que son el doble de los de las propiedades residenciales.
- El capital necesario para mejorar el edificio. Fachada, techo, servicios, cumpliendo con las normas de la BCA.
- Cambio de las leyes que rigen el horario de funcionamiento (por ejemplo, las leyes de cierre patronal).
- Impuesto sobre las ganancias de capital y costos de transacción.

Qué buscar en su inversión comercial:

Ubicación: Al igual que la propiedad residencial, la ubicación es muy importante, según el Sr. Wizel.

"El acceso al transporte - público y por carretera - puede hacer o deshacer un negocio y por lo tanto tiene un impacto significativo en la demanda de los inquilinos", dice.

El aparcamiento también es muy importante, sobre todo en el sector minorista, donde los clientes tienen que llevar las compras a sus coches. Los negocios minoristas o los que tienen un componente de venta al por menor también necesitan exposición, por lo que la fachada de la carretera principal dentro de un recinto comercial establecido también puede ser fundamental para el éxito de un negocio, dice.

Vacantes: Considere cuántas tiendas, oficinas, almacenes y fábricas están vacantes en el distrito que está viendo. Si hay muchas vacantes, puede significar que encontrar otro inquilino - si pierdes el tuyo - puede ser difícil. Si no hay vacantes, es una buena señal de que el negocio en el recinto es bueno y es probable que pueda volver a prestar su propiedad rápidamente. Nunca compre en un área con muchas vacantes a menos que esté seguro de que puede encontrar un inquilino rápidamente, advierte el Sr. Wizel.

El edificio: Busca una propiedad moderna, atractiva y bien mantenida que necesite un mínimo de mantenimiento.

Cómo entrar en el sector inmobiliario comercial:

Obtener un poco de entrenamiento

Lo primero que hay que hacer es aprender todo lo que se pueda. Hay organizaciones profesionales especializadas en la enseñanza de habilidades especiales para el negocio de bienes raíces comerciales. Estos cursos son requeridos para ayudarte a calificar para una licencia de bienes raíces. Por consiguiente, busca un programa de bienes raíces que puedas tomar. Puede hacerlo en su ubicación física o inscribirse en uno en línea. Después de eso, trabaje para obtener una licencia para practicar el negocio de bienes raíces comerciales.

6 Consejos que debe seguir para tener éxito en el sector inmobiliario

La formación en bienes raíces comerciales también te expone a varias opciones de carrera. Entre ellas se incluyen:

- Corretaje general
- Desarrollo de la propiedad
- La gestión de la propiedad
- Qué es el corretaje general?

El corretaje general de bienes raíces comerciales implica la representación de los compradores o vendedores en las transacciones de bienes raíces. En este papel usted puede ayudar a su cliente en la compra o venta de una propiedad comercial. También puede sustituir a su cliente en las reuniones relacionadas con las transacciones de bienes raíces comerciales. Mientras sigue esta trayectoria profesional, usted es un contratista independiente y no un empleado de ninguna empresa de bienes raíces. Además, usted recibe una compensación en términos de comisión. Como agente de bienes raíces, puede tratar con todos los tipos de bienes raíces comerciales o especializarse en uno. Algunos ejemplos de las variedades en las que puede invertir incluyen oficinas, propiedades industriales o comerciales al por menor.

Desarrollo de la propiedad

El desarrollo de la propiedad es otra carrera que puedes tomar en el sector inmobiliario comercial. Aquí es donde desarrollas activamente los bienes raíces comerciales y los vendes o alquilas para recuperar una ganancia. Te conviertes en un inversor en bienes raíces comerciales. En este caso, consigues financiación, compras un terreno, construyes una propiedad comercial en él, y procedes a vender el edificio final. También puede optar por alquilarlo a empresas u organizaciones de inquilinos. A pesar de que requiere mucho tiempo y un gran capital inicial, el desarrollo de la propiedad es el tipo de bienes raíces comerciales más gratificante desde el punto de vista financiero.

Cómo tener éxito en los bienes raíces comerciales:

Trabaje con una compañía de buena reputación:

Si desea tener éxito en los bienes raíces comerciales, lo primero que debe hacer es buscar un empleo o trabajar con una empresa de renombre. El nombre de la empresa para la que trabajas es uno de los factores más importantes de tu éxito. La empresa para la que trabajas debe tener una reputación positiva en el campo de los bienes raíces comerciales. Esto es útil cuando intentas convencer a un cliente de que trabaje contigo.

Las empresas de bienes raíces confiables proporcionan a los clientes seguridad cuando están invirtiendo en bienes raíces comerciales. Las empresas pueden ser conocidas por su buena reputación en una ciudad, estado o a nivel nacional. Por lo tanto, asegúrese de realizar alguna investigación mientras busca empleo como agente de bienes raíces comerciales. Aspire a unirse a la fuerza de trabajo de una compañía fuerte y confiable. Esto ciertamente aumentará sus posibilidades de éxito.

Elija su mercado sabiamente:
Como cualquier otro sector de negocios, su mercado importa mucho en los bienes raíces comerciales. Por consiguiente, busque uno que tenga un gran potencial de clientes y beneficios. Normalmente, el mercado de bienes raíces comerciales es siempre mejor en las ciudades que en el campo. Esto se debe a que las ciudades tienen una mayor demanda, más actividades comerciales y exigen tarifas más altas. Además de eso, asegúrese de elegir ciudades que tengan un mercado fuerte. Algunas ciudades tienden a prosperar más que otras.

Es interesante que los agentes de bienes raíces comerciales que trabajan en ciudades prósperas firmen acuerdos y cierren contratos sobre establecimientos comerciales incluso antes de que se completen. Esto sucede gracias a la alta demanda de espacios. Por lo tanto, apunte a una ciudad o mercado urbano y seguramente tendrá éxito.

El análisis de los inmuebles comerciales no es tan complicado como puede parecer a primera vista. De hecho, una vez que se tiene la información básica sobre la propiedad, el análisis del negocio puede hacerse rápida y fácilmente si se entienden estos 5 términos básicos.

Ingresos y Gastos: Los ingresos son todo el dinero producido por la propiedad (alquileres, etc.) y los gastos son todos los costos involucrados con la propiedad y el mantenimiento de la misma, excluyendo el pago de la hipoteca.

Ingresos Operativos Netos (NOI): Es la cantidad de dinero que la propiedad aporta antes de pagar la hipoteca, o los ingresos menos los gastos.

Flujo de caja: Es la ganancia real que se obtiene, o el NOI menos la hipoteca.

Dinero en efectivo sobre el retorno de efectivo: Esto describe cuán rápido le devuelven el dinero del pago inicial, o el flujo de efectivo dividido por el pago inicial.

Tasa de capitalización (CAP Rate): Es una métrica simple utilizada en los bienes raíces comerciales que compara el precio de venta con el NOI.

3 cosas que quiere saber sobre el negocio de bienes raíces comerciales que está analizando

¿Cuánto dinero gana?

¿Cuál es el rendimiento de su inversión?

¿Cómo se compara esta inversión con otras inversiones?

5 términos de inversión clave para los bienes raíces comerciales:

-Ingresos y egresos.

Cada propiedad comercial tiene ambas.

Los ingresos consisten en alquileres cobrados, pagos de arrendamiento, ingresos de lavandería, e incluso cargos por retraso.

Algunos ejemplos de gastos pueden ser: seguros, impuestos, servicios públicos, reparaciones, jardinería y honorarios de administración de la propiedad.

Una cosa que no está incluida en los gastos es el pago de la hipoteca.

Es un gasto de deuda.

-Ingresos Operativos Netos (NOI)

Definición: Tus ingresos menos tus gastos.

Uno de los términos más importantes de estos cinco.

A medida que tus ingresos operativos netos suben, tu flujo de efectivo y el valor de la propiedad también suben.

Cuando baja, también lo hacen el flujo de caja y el valor de la propiedad.

-Flujo de dinero

Definición: Tu NOI menos el pago de tu hipoteca.

-Devolución de efectivo

¿Qué tan rápido se mueve tu dinero?

Si recuperas tu dinero en un año, es 100% devolución de dinero en efectivo.

Si recuperas tu dinero en 2 años, es un 50% de devolución en efectivo.

-Tasa de capitalización

" Tasa de captación " es NOI dividido por el precio de venta.

Si pagas todo el dinero en efectivo por tu inversión, ¿cuál sería el rendimiento de esa inversión?

Una propiedad de alta tasa de límite estará en un vecindario de ingresos bajos a moderados.

Cuanto más alto sea, mayor será el riesgo, mayor será el retorno potencial, pero el precio es menor.

En un vecindario más rico hay una tasa de tope baja.

Una tasa de tope baja significa un menor riesgo, pero también significa un menor rendimiento y un precio de venta más alto.

Reglas de combate para estos cinco términos clave (10:06):

- No haga una oferta hasta que calcule cada uno de estos términos.
- Necesitas que los ingresos sean mayores que los gastos.
- El NOI necesita ser mayor que los pagos de la hipoteca.
- El flujo de caja tiene que ser positivo.
- La devolución de efectivo debe ser mayor o igual al 10%.
- La tasa máxima debe ser mayor o igual al 8%.

EJEMPLO (11:43)

3 Supuestos para este ejemplo:

El precio de compra de la propiedad es de 450.000 dólares.

El pago inicial es del 10%, así que 112.500 dólares.

Los pagos de la hipoteca son 20,000 por año.

En esta propiedad los ingresos son 48,000 al año.

Los gastos son 12,000 al año.

Esto significa que el NOI es 48,000 - 12,000= 36,000.

El flujo de caja es 36,000(NOI) - 20,000 (Hipoteca) = 16,000.

La devolución de efectivo es 16.000 (flujo de caja) dividido por 112.500 (pago inicial) = 14%.

La tasa máxima es 36.000 (NOI) dividido por 450.000 (precio de venta) = 8%.

Ya sea que usted sea un inversionista, corredor, prestamista hipotecario, instalador solar, contratista o techador, saber cómo analizar las propiedades comerciales e identificar oportunidades lucrativas es siempre una parte importante del juego.

Análisis de la propiedad commercial

Se necesita un poco de investigación preliminar para identificar las propiedades de valor potencial, pero esta investigación es sólo eso: preliminar.

El análisis de las propiedades es donde comienza la verdadera excavación. Es donde puedes usar datos reales de las propiedades y sus dueños para convertir tus especulaciones en certeza. Las cuatro cosas que casi todos los profesionales de bienes raíces comerciales buscarán en su análisis de la propiedad son números, narraciones, indicaciones y seguridad.

Los números son los detalles de una propiedad, los años, fechas, precios y medidas asociadas a ella.

Las narraciones son las historias y los relatos detrás de una propiedad. Todas las propiedades tienen historias de venta, deuda y propiedad que pueden afectar la forma en que un inversionista, prestamista o proveedor de servicios interactúa con esa propiedad en el presente.

Las indicaciones son las señales que apuntan a las intenciones o acciones potenciales de un propietario. Son los datos y las percepciones que prueban el deseo o la voluntad de un propietario de vender, refinanciar, reconstruir, reparar, etc.

La garantía es esencialmente la validación de que vale la pena perseguir una propiedad. La seguridad se basa en encontrar los números, narraciones e indicaciones correctas relacionadas con una propiedad.

Ahora que sabes qué buscar, exploremos cómo encontrar oportunidades.

Análisis de edificios y terrenos

En primer lugar, puede analizar un edificio comercial y un terreno para ver si está a la altura de sus necesidades de inversión, préstamo o servicio. Aquí se obtienen principalmente números con un poco de historia.

Puedes analizar el tamaño del lote, el tamaño del edificio, la antigüedad del edificio y la zonificación. Vea los metros cuadrados del lote y la superficie en acres, así como los metros cuadrados de construcción, el número de unidades, el número de edificios, el número de pisos y el área de piso.

Con la vista de mapa integrada de Google, los proveedores de servicios de construcción como techadores, instaladores solares y paisajistas pueden usar "Reonomía" para analizar la disposición física y las características de un edificio, su techo y el terreno que lo rodea.

En cualquier página de perfil de propiedad, simplemente combine su experiencia con la vista de mapa para analizar el nivel de la calle y las tomas aéreas de sus propiedades objetivo.

Análisis de la inversion

La reonomía proporciona acceso a datos profundos sobre propiedades, personas y finanzas, que juntos, a través de los números, construyen una narrativa alrededor de cualquier propiedad comercial. Esa narrativa permite a los inversores y a los agentes de ventas determinar rápidamente si una propiedad en el mercado o fuera de él muestra indicios de que el propietario está dispuesto a vender.

Analizando el historial de ventas de una propiedad y los hábitos de su propietario, se puede ver si una propiedad es una oportunidad de inversión perseguible.

Comience por realizar una búsqueda de propiedades. En este caso, un inversor podría buscar propiedades de un tipo de activo específico, en un lugar específico, que no se hayan vendido en los últimos 10 años. Esto identifica inmediatamente las que tienen más probabilidades de venderse y elimina las que no lo son.

Desde la lista de resultados, puede hacer clic en la página de perfil de cualquier propiedad individual y visitar la pestaña "Ventas".

Pregunte a cualquier profesional de la inmobiliaria sobre los beneficios de invertir en una propiedad comercial, y es probable que desencadene un monólogo sobre cómo dichas propiedades son un mejor negocio que las residenciales. A los propietarios de propiedades comerciales les encanta el flujo de caja adicional, el campo de juego relativamente abierto, el abundante mercado para el bien, los administradores de propiedades asequibles y la mayor rentabilidad.

¿Pero cómo evalúa las mejores propiedades? ¿Y qué separa los grandes negocios de los fracasos?

Como la mayoría de las propiedades inmobiliarias, el éxito comienza con un buen proyecto. Aquí hay uno que le ayudará a evaluar un buen negocio de propiedad comercial.

Aprende lo que saben los expertos

Para ser un agente inmobiliario comercial, aprende a pensar como un profesional. Por ejemplo, saber que una propiedad comercial se valora de forma diferente a una residencial. Los ingresos de las propiedades comerciales están directamente relacionados con su superficie útil. Pero las casas individuales funcionan de manera diferente. También verás un mayor flujo de dinero con la propiedad comercial. Las matemáticas son simples: ganarás más ingresos en viviendas multifamiliares, por ejemplo, que en una casa unifamiliar. Sepa también que los arrendamientos de propiedades comerciales son más largos que en las residencias unifamiliares. Eso prepara el camino para un mayor flujo de efectivo. Por último, si se encuentra en un entorno crediticio más estricto, asegúrese de tener dinero en efectivo en sus manos. A los prestamistas de propiedades comerciales les gusta ver al menos un 30% de adelanto antes de dar un préstamo.

Elaborar un plan de acción

Establecer parámetros es una prioridad en un negocio de bienes raíces comerciales. Por ejemplo, pregúntese cuánto puede pagar y luego busque hipotecas para tener una idea de cuánto va a pagar. El uso de herramientas como las calculadoras de hipotecas puede ayudarte a desarrollar buenas estimaciones del costo total de tu casa.

Otras preguntas clave que debe hacerse son ¿Cuánto espera ganar con el trato? ¿Quiénes son los actores principales? ¿Cuántos inquilinos ya están a bordo y pagando el alquiler? ¿Cuánto espacio de alquiler necesita llenar?

Aprende a reconocer un buen trato

Los verdaderos profesionales de la inmobiliaria saben hacer un buen negocio cuando lo ven. ¿Cuál es su secreto? Primero, tienen una estrategia de salida. Los mejores tratos son aquellos de los que sabes que puedes salir. Ayuda tener un ojo agudo, el de un propietario - siempre busca los daños que requieren reparaciones, sabe cómo evaluar el riesgo, y se asegura de que la propiedad cumple con sus objetivos financieros.

Familiarícese con las principales técnicas de bienes raíces comerciales...

Estas son las métricas clave comunes que se utilizan para evaluar los bienes raíces:

Ingresos Operativos Netos (NOI):

Quieres tener un NOI positivo.

Tasa máxima:

La tasa de capitalización de una propiedad inmobiliaria se utiliza para calcular el valor de los ingresos. Por ejemplo, un complejo de apartamentos de cinco unidades o más, edificios de oficinas comerciales y centros comerciales más pequeños son buenos candidatos para la determinación de la tasa de capitalización. Las tasas de tope se utilizan para estimar el valor actual neto de las ganancias o el flujo de efectivo futuros; el proceso también se denomina capitalización de las ganancias.

Efectivo sobre efectivo:

Los inversores en bienes raíces comerciales que dependen de la financiación para adquirir sus propiedades, a menudo se adhieren a la fórmula de "efectivo en efectivo" para comparar el rendimiento del primer año de las propiedades de la competencia. El inversor en cuestión no requiere el 100% de efectivo para comprar la propiedad en cuenta, pero también considera el hecho de que el inversor no se quedará con todo el NOI porque debe utilizar parte de él para hacer los pagos de la hipoteca. Para descubrir el dinero en efectivo, los inversores en bienes raíces deben determinar la cantidad requerida para invertir en la compra de la propiedad o su inversión inicial.

Busca vendedores motivados:

Como cualquier negocio, los clientes manejan los bienes raíces. Su trabajo es encontrarlos, específicamente a aquellos que están listos y ansiosos por vender por debajo del valor de mercado. El hecho es que nada sucede o incluso importa en el sector inmobiliario hasta que encuentras un trato, que suele ir acompañado de un vendedor motivado. Se trata de alguien con una razón apremiante para vender por debajo del valor de mercado.

Descubra el arte de la "agricultura" del barrio:

Una excelente manera de evaluar una propiedad comercial es estudiar el vecindario en el que se encuentra, yendo a casas abiertas, hablando con otros propietarios del vecindario y buscando vacantes.

Use un enfoque de "tres puntas" para evaluar las propiedades:

Sea adaptable cuando busque grandes ofertas. Utilice Internet, lea los anuncios clasificados y contrate a alguien para que le encuentre las mejores propiedades. Los perros guía de bienes raíces pueden ayudarle a encontrar valiosas pistas de inversión a cambio de una tarifa de referencia.

El resultado final:

Encontrar y evaluar propiedades comerciales no se trata sólo de los vecindarios agrícolas, obtener un gran precio, o enviar señales de humo para atraer a los vendedores. En el fondo, hay una comunicación humana básica. Se trata de construir relaciones e interactuar con los propietarios, para que se sientan cómodos hablando de los buenos negocios - y hacer negocios con usted.

Los bienes raíces son un negocio de personas. Mientras que trabajar con los clientes puede traer muchas recompensas, también hay algunos dolores de cabeza. A veces, un agente de bienes raíces se encuentra en una situación en la que tiene que lidiar con un cliente difícil que no es realista, exigente o simplemente grosero. Sin embargo, sólo teniendo éxito en el trabajo con esos clientes, un agente se ganará el título de un profesional real.

Cada cliente es diferente. Sus prospectos son individuos con diferentes personalidades, así que un agente inmobiliario exitoso necesita tener la habilidad de identificar estos tipos de personalidad. Por supuesto, es difícil complacer a todo el mundo, pero si conoces los tipos de personalidades con las que trabajas, estarás mejor preparado para tratar cualquier asunto y tener clientes satisfechos. Aquí hay 6 tipos de clientes difíciles y algunos consejos para los agentes de bienes raíces sobre cómo manejarlos:

Tipos de clientes negativos

Saberlo todo: Estos clientes creen que conocen el mercado inmobiliario mejor que usted y son muy críticos con sus recomendaciones, convencidos de que saben lo que hacen. Lo que ellos perciben como "conocimiento" puede finalmente interponerse en el camino de hacer tu trabajo.

El cliente negativo: Pesimista y desalentador. Encontrarán algo malo en todo; ya sea en lo que les muestres o en tus recomendaciones sobre cómo vender su casa. Pueden ser irrazonables y difíciles de negociar.

Gente complaciente: A diferencia del cliente negativo, un complaciente es agradable y odia decir algo negativo. Estos clientes siempre dicen "sí" pero son lentos para cumplir. Esto se interpone en el camino de dar al agente inmobiliario una respuesta honesta.

El "no hacer nada": Estos clientes no dicen mucho ni dan retroalimentación. Su primera respuesta a tus preguntas suele ser "No lo sé". Como son inciertos, pueden decirte una cosa en la llamada pero luego tienen una opinión diferente. Esto puede convertirse en un obstáculo para la comunicación y puede impedirte encontrar la casa de sus sueños.

El cliente despotrica y despotrica: Fuertes, insistentes y exagerados sobre cualquier cosa. Por ejemplo, podrían decir "¿Estás loco? ¿Cómo puedes poner mi casa en una lista a un precio tan bajo?" Estos clientes de bienes raíces necesitarán un minuto para despotricar y exigir una acción inmediata. Tales características podrían crear tensión entre usted y su cliente.

El cliente agresivo: Este cliente siente que sus necesidades deben ser lo primero y actúa como si no tuvieras otros clientes. Harán un seguimiento constante a través de textos, correos electrónicos y mensajes de voz antes de que hayas tenido la oportunidad de evaluar la situación o hacer una lista de casas para visitar.

Capítulo 4:

Cómo encontrar asociaciones de bienes raíces:

Una guía para la financiación de los propietarios

Pedirle a un vendedor que lo ayude a comprar su casa o bienes raíces comerciales no es aceptado por la mayoría de los propietarios de casas o incluso por sus agentes de ventas. No obstante, el financiamiento del propietario es, sin duda, una opción viable para un vendedor cuya propiedad no se vende o para un comprador que tiene problemas con las pautas tradicionales de los prestamistas.

¿Qué es el financiamiento de los propietarios?

El financiamiento del propietario (o vendedor) significa que el propietario actual pone parte o todo el dinero necesario para comprar una propiedad: en lugar de pedir una hipoteca a un prestamista comercial, el comprador toma prestado el dinero del vendedor. De esta manera, los compradores pueden financiar una transacción completamente, o tener un préstamo del vendedor y otro del banco.

El comprador y el vendedor acuerdan una tasa de interés, un pago mensual, el monto del dinero, el cronograma y otra información sobre el préstamo. El comprador entonces le da al vendedor una nota de compromiso que acepta estos términos. El pagaré suele depositarse en los registros públicos, y así ambas partes están aseguradas.

No importa si la propiedad tiene una hipoteca existente, pero debido a una cláusula de enajenación, el prestamista del propietario puede acelerar el préstamo en el momento de la venta. Generalmente, el prestamista mantiene el título de la casa hasta que el prestatario haya pagado completamente el préstamo.

Diferentes tipos de financiamiento de la propiedad

Vendedores y compradores son libres de discutir los términos de la financiación del propietario, sujeto a las leyes de usura específicas del estado y otras regulaciones locales: por ejemplo, algunas leyes estatales prohíben los pagos globales.

Aunque no es necesario, muchos vendedores esperan que el comprador haga algún tipo de pago inicial por la propiedad. Su lógica es similar a la de cualquier prestamista hipotecario: creen que los compradores con algún capital en una casa tienen menos probabilidades de incumplir los pagos y dejar que ésta entre en ejecución hipotecaria.

La financiación de los propietarios puede adoptar varias formas. Algunas variaciones incluyen las siguientes:

Contratos de terrenos

Los contratos de tierras no transfieren el título legal completo de la propiedad al comprador, pero les dan un título equitativo. Durante cierto tiempo, el comprador debe hacer pagos al vendedor. El comprador cobra la escritura después del pago final o de un re financiamiento.

Hipotecas

Los vendedores pueden llevar la hipoteca por todo el saldo del precio de compra - menos el pago inicial, que podría incluir un préstamo subyacente. Este tipo de financiación se llama hipoteca con todo incluido o escritura de fideicomiso, también famosa como hipoteca envolvente. El vendedor obtiene una anulación del interés del préstamo subyacente. Un vendedor también puede tener una hipoteca menor, en cuyo caso el comprador tomaría el título o recibiría una nueva primera hipoteca, en relación con el préstamo actual. El comprador recibe una escritura y le da al vendedor una segunda hipoteca por la diferencia del precio de compra, menos el pago inicial y la primera porción de la hipoteca.

Contratos de arrendamiento con opción de compra

Un contrato de arrendamiento con opción de compra, también conocido como alquiler con opción de compra, significa que el vendedor arrienda la propiedad al comprador, dándole un título equitativo de la misma. Al cumplir el contrato de arrendamiento con opción de compra, el comprador recibe el título completo y generalmente obtiene un préstamo para pagar al vendedor, después de recibir el crédito por todos o parte de los pagos de alquiler para el costo original.

Beneficios de la financiación del propietario para los compradores

Los compradores que opten por la financiación por el propietario pueden disfrutar de varias ventajas:

Poco o nada de calificaciones

La definición del vendedor de los requisitos del comprador, por lo general, es menos estricta y más flexible que las calificaciones decididas por los prestamistas tradicionales.

Financiamiento a la medida

A diferencia de los préstamos tradicionales, los vendedores y compradores pueden elegir entre varias opciones para el reembolso del préstamo, como sólo interés, amortización a tasa fija, menos de interés o un pago global -si el estado lo permite- o incluso una combinación de éstas. Las tasas de interés durante el plazo del préstamo pueden ajustarse periódicamente o permanecer en una sola tasa.

Flexibilidad del pago inicial

Los anticipos son negociables. Cuando un vendedor necesita un anticipo mayor que el que posee el comprador, los vendedores también pueden exigir a los compradores que hagan pagos periódicos de una suma global para el anticipo.

Reducir los costos de cierre

No hay puntos de préstamo o descuento sin un prestamista institucional, y no hay gastos de originación, tramitación, administración, o cualquiera de las diversas comisiones que los prestamistas cobran con frecuencia, lo que también ahorra dinero en los gastos de cierre del comprador.

Rápida adquisición

Dado que los compradores y vendedores no esperan a que un prestamista tramite el financiamiento, los compradores pueden cerrar más rápidamente y obtener la propiedad antes que con un préstamo convencional.

Beneficios del financiamiento de los propietarios para los vendedores

Cuando se habla de situaciones de financiamiento para los propietarios, también surgen una serie de ventajas para los vendedores:

Ingresos mensuales

Los pagos de un comprador aumentan el flujo de efectivo mensual del vendedor, lo que resulta en un ingreso prescindible.

Un mayor precio de venta

Debido a que el vendedor ofrece la financiación, puede solicitar el precio de lista íntegro, o más alto.

Una tasa de interés más alta

El préstamo financiado por el propietario puede aportar un tipo de interés más alto, que el que recibiría un vendedor en una cuenta del mercado monetario u otras formas de inversión de bajo riesgo.

Las reducciones de impuestos

El vendedor podría pagar menos impuestos en una venta a plazos, declarando sólo los ingresos obtenidos en cada año natural.

Una venta más rápida

Ofrecer financiamiento a los propietarios es una forma de destacar del mar de inventarios, atrayendo un conjunto diferente de clientes y vendiendo propiedades que de otra manera serían difíciles de vender.

Por muy ventajoso que sea, el financiamiento de los propietarios es muy complejo. Ni el comprador ni el vendedor deben depender exclusivamente de sus respectivos agentes inmobiliarios, sino que deben contratar a abogados especializados en bienes raíces para que les ayuden a negociar la transacción, asegurándose de que su arreglo se ajuste a todas las leyes estatales, cubra cualquier riesgo y proteja a todas las partes por igual.

VENTAJAS DE TENER UN SOCIO: CÓMO ENCONTRAR UNA SOCIEDAD INMOBILIARIA

Una parte sustancial de los nuevos empresarios que consideran entrar en la industria inmobiliaria tienden a temer lo desconocido. Ir solo en la industria puede ser aterrador y a menudo desalienta a cualquiera a tomar una decisión de inversión válida. Aprender a encontrar un socio inversionista en bienes raíces puede ser una habilidad lucrativa para inversionistas de cualquier nivel.

Incluso los más brillantes y exitosos inversores inmobiliarios aprenden algo nuevo cada día. Es casi imposible conocer todos los aspectos de una inversión y la mejor manera de administrarla sin ayuda. Algunas ventajas de tener un socio incluyen:

1. Más experiencia

2. Delegación de tareas

3. Fondos adicionales

4. Riesgos divididos

5. Nuevos contactos

Alguien que busca un socio inmobiliario se beneficiará del proceso cuando trabaje con las personas adecuadas. Es común que un novato busque un socio con más experiencia. Cuando se trata de hacer inversiones adicionales en casas en venta, los socios también son excelentes para generar más fondos. Esto da una forma de dividir el riesgo entre múltiples grupos. Un último beneficio de establecer una colaboración inmobiliaria son las conexiones adicionales que se pueden adquirir. Mucha gente tiene vastas listas de conocidos, socios comerciales y corredores en la industria de la vivienda que son muy útiles.

Dónde encontrar un socio

Encontrar a alguien con quien trabajar en casi todas las grandes ciudades de EE.UU. es relativamente fácil. Algunos agentes inmobiliarios hacen negocios con inversores para ganarse la vida aparte de su trabajo diario a tiempo completo. Asociarse con un profesional que asiste a un club de inversión inmobiliaria en una ciudad local puede abrir más puertas. Colocar un anuncio solicitando la asistencia de un socio en un sitio web de buena reputación para la industria de la vivienda puede producir algunos buenos prospectos en general.

La formación de empresas de bienes raíces

Se está volviendo más común entre los inversionistas llegar a un acuerdo por escrito juntos y hacer una LLC u otro tipo de acuerdo. Aunque es importante entender los impuestos, también es importante reconocer las legalidades de trabajar juntos y las leyes estatales y federales relativas a un negocio de bienes raíces. También es mejor utilizar los servicios de un abogado para establecer un acuerdo de trabajo con otra parte antes de firmar cualquier documento. Asegurarse de que una estrategia de salida está en marcha ayudará a romper la relación en caso de que no funcione como se espera. La división de la propiedad y el rendimiento de la inversión deben estar claramente definidos. Tener una mentalidad positiva, completar las tareas cotidianas y trabajar en pos de los objetivos de la asociación puede crear una atmósfera saludable para cualquier inversor.

LA ALTERNATIVA DE ENCONTRAR SOCIEDADES? SER UN INVERSOR INDEPENDIENTE

Piensa en los inversores más importantes de la historia. La mayoría de ellos son inversores hechos a sí mismos. ¿Quién es un empresario hecho a sí mismo? Es una persona que tiene ideas muy interesantes, una amplia experiencia en el campo, y que, en la mayoría de los casos, apuesta por todo lo que tiene, y ha tomado algunas decisiones inteligentes para lograr sus objetivos. Normalmente, este tipo de persona tiene un plan muy detallado y lo sigue servilmente.

Si realmente tienes el "poder" de hacerlo, hazlo.

Cada una de estas personas tienen algunas características en común, algunos conceptos clave para la inversión que ayudaron a hacerlos multimillonarios. Junto con todos los grandes secretos de la vida, este está oculto a plena vista. De hecho, estos inversionistas multimillonarios que se hicieron a sí mismos...

1. No diversificar

Considere cuál es su principal fuente de generación de riqueza: su carrera. Probablemente no se ha diversificado en su profesión en absoluto. Incluso si has probado muchas carreras diferentes, nunca hiciste algunas a la vez. Y, aunque estés haciendo más de un trabajo, es muy probable que pases la gran mayoría de tu tiempo en sólo uno de ellos, y que sólo uno proporcione la gran mayoría de tus ganancias.

¿Por qué debería ser diferente la inversión?

2. Evitar el riesgo

Si quieres ser un buen inversor, siempre debes cuantificar todos los riesgos y hacer planes de negocios transparentes.

Rápidamente podrás planificar tu trabajo y tu futuro en las inversiones comerciales e inmobiliarias. Mantente informado y prepárate para invertir después de estudiar.

3. No me importa lo que piensen los demás.

Mucha gente tiene una idea de hacia dónde se dirige el mercado. Pero nunca hablan de lo que están comprando o vendiendo. Simplemente lo hacen.

Piensa por ti mismo, evita el riesgo, y no intentes diversificarte en un montón de inversiones que no entiendes.

Capítulo 5:

Ventajas fiscales de los inmuebles comerciales

A diferencia de los bonos, las acciones y otros productos financieros, el negocio de los bienes raíces comerciales es conocido por los diversos beneficios fiscales de los que pueden beneficiarse los inversores en bienes raíces. Estos beneficios pueden hacer una gran diferencia en los ingresos, especialmente a largo plazo. Sin embargo, para aprovechar los beneficios fiscales de los bienes raíces comerciales, es necesario saber cuáles son y cómo funcionan. Las formas más comunes de reducción de cuentas de impuestos para los inversionistas pueden ser:

- Deducciones de Ingresos Comerciales Calificados (QBI)
- Gastos de intereses Deducción de impuestos
- Deducción de la depreciación para el impuesto sobre la renta
- Los programas LIHTC, HTC y NMTC
- 1031 Intercambios por el aplazamiento del impuesto sobre las ganancias de capital
- Usar las pérdidas de los impuestos sobre la propiedad inmobiliaria a su favor
- Beneficios fiscales de los bienes raíces comerciales vs. IRA para la jubilación

- Deducción fiscal no hipotecaria
- Reducción de la carga fiscal para los beneficiarios
- Zonas de Oportunidad

Deducciones de Ingresos de Negocios Calificados (QBI):

La deducción de Ingresos de Negocios Calificados (QBI) es otra compleja deducción que los inversionistas de bienes raíces comerciales pueden hacer en los impuestos sobre la renta. La exención del QBI cubre los ingresos de fuentes pasivas y permite a los individuos elegibles deducir el 20% de los ingresos elegibles. Sin embargo, es algo difícil determinar cuánto puede utilizar.

Algunas restricciones incluyen el 50% del pago del W-2 o, el 25% del pago del W-2, con el 2,5% del sitio depreciado de la propiedad en cuestión. La mayoría de las veces se utiliza el segundo cálculo, y la mayoría de las inversiones del CRE son hechas por algunos empleados de la SPE si es que hay alguno. También hay que señalar que las ganancias de capital por la venta de activos comerciales no se consideran ingresos exentos de la CRE.

Deducción fiscal de los gastos de intereses:

Los inversores pueden depreciarse más rápidamente en forma de amortización de la deuda, pero una serie de análisis de costos compartidos puede ayudar a acelerar la depreciación. De hecho, las nuevas disposiciones de la Ley de Empleo y Recortes de 2017 pueden eximir a algunos inversores del primer año de depreciación de la propiedad hasta el 100% del valor del activo.

Deducción por depreciación para el impuesto sobre la renta:

Al igual que con otros activos físicos, los bienes inmuebles comerciales se agotan con el tiempo. Esto permite a los inversores deducir una cierta cantidad del impuesto sobre la renta cada año. El IRS ahora permite a los propietarios reducir las casas por 27,5 años y los edificios comerciales por 39 años. Por ejemplo, si un inversionista compra 5 millones de dólares en espacio de oficina, puede recibir 128.000 dólares en depreciación anualmente. La depreciación es buena para los inversionistas, pero hay mucho que un inversionista puede hacer para cubrir una depreciación significativa en un corto período de tiempo. En muchas situaciones, los inversores pueden solicitar un análisis de depreciación a una empresa de ingeniería que identifique diferentes partes de un activo en tan sólo cinco o diez años. Por ejemplo, en el ejemplo anterior (por ejemplo, los tejados y los componentes eléctricos), un activo de 1 millón de dólares podría depreciarse en diez años, y el propietario podría considerar la posibilidad de reducir esa parte del activo en 100.000 dólares. Esto resulta en una reducción de 202.000 dólares por año durante los primeros diez años y 102.000 dólares por año durante los 29 años restantes. Los estudios de costos compartidos pueden utilizarse para muchas características familiares y empresariales, pero normalmente se utilizan para las de múltiples familias.

Depreciación: muy necesaria

Aunque la depreciación tiene muchos beneficios, el IRS puede recuperarlos si los inversores venden activos en forma de recuperación de la depreciación. La recuperación de la depreciación se desencadena cuando un inversor vende un activo sobre una base de costos ajustados que es menor que la deducción de la depreciación del costo original del activo. Por ejemplo, si un inversor vende más de 4 millones de dólares después de diez años (el precio original se estima en 5 millones de dólares, entonces la depreciación es de 1 millón de dólares), la depreciación comenzará a cobrarse. Por esta razón, los inversores deben pagar el impuesto sobre la renta regular sobre el precio de venta de la propiedad, en lugar de reducir la tasa de impuesto sobre las ganancias de capital.

Deducciones fiscales por gastos de intereses:

Un importante beneficio fiscal de los bienes raíces comerciales es que se puede deducir el interés pagadero en las hipotecas comerciales del impuesto hipotecario federal. Por ejemplo, si un prestamista de bienes raíces comerciales paga 10.000 dólares al mes por los pagos de la hipoteca y 2.000 dólares de ese interés, el interés de la hipoteca es deducible en alrededor de 24.000 dólares ese año. Esto es particularmente relevante si el prestatario tiene acceso a préstamos de alta tasa de interés, como los préstamos de construcción.

Los programas LIHTC, HTC y NMTC:

Junto con el plan de la Zona de Oportunidad, el programa LIHTC (Low-Income Home Tax Credit) del gobierno federal permite a los inversores con bajos ingresos y activos cualificados estar exentos del impuesto federal sobre la renta. En algunos casos, puede vincular su programa LIHTC con un programa de zona de oportunidad para aumentar sus ingresos. Otros programas de crédito fiscal ampliamente utilizados incluyen el programa de Crédito de Impuestos Históricos (HDC) y planes de préstamos de crédito que proporcionan créditos fiscales basados en un porcentaje de los costos elegibles utilizados para la rehabilitación de edificios comerciales históricos. En general, estos créditos fiscales son competitivos y suelen ser utilizados por empresas y fondos, más que por inversores individuales.

A este respecto, es importante que los inversores en bienes raíces comerciales consulten con profesionales experimentados en materia de impuestos para comprender mejor cómo funciona cada uno de estos incentivos fiscales. Los impuestos sobre los bienes raíces son muy complejos, y una gran cantidad de trabajo sobre los productos y la documentación puede ahorrar más dinero a largo plazo.

1031 Intercambios para el aplazamiento del impuesto sobre la plusvalía:

El Intercambio 1031 es otro método muy útil que puede ser utilizado para beneficiar a los inversionistas de bienes raíces comerciales. La transacción 1031 permite a los inversionistas de bienes raíces comerciales aplazar el pago del impuesto sobre las ganancias de capital al IRS e intercambiar activos por otros bienes raíces comerciales "similares" dentro de un cierto período de tiempo. Una propiedad similar debe ser al menos tan buena como la propiedad inicial y no debe ser una casa unifamiliar usada como residencia privada del propietario. Sin embargo, los tipos de bienes inmuebles a ser intercambiados no tienen que ser los mismos. Por ejemplo, un apartamento/propiedad de venta al por menor multiuso puede ser intercambiado por un centro comercial. Sin embargo, el intercambio 1031 no permite a los inversores posponer innecesariamente las ganancias de capital. Cuando se vende un nuevo inmueble, los inversores tienen que pagar todos los impuestos. Sin embargo, nada impide a los inversores vender bienes raíces y participar en otro intercambio en el 1031.

Usar las pérdidas de los impuestos de bienes raíces para su ventaja:

En general, hay tres clasificaciones diferentes de contribuyentes de bienes raíces comerciales a las pérdidas de alquiler. Inversionistas de bienes raíces comerciales por debajo de $ 100.000 por año: estas personas pueden perder un ingreso de hasta $ 25.000. Por ejemplo, si un inversor gana 90.000 dólares al año y pierde más de 25.000 dólares al año, su ingreso imponible para ese año puede reducirse a 65.000 dólares. Cualquiera que gane hasta 100.000 dólares y hasta 150.000 dólares puede recibir una deducción, pero no tanto como aquellos que ganan menos de 100.000 dólares. Si un inversionista de bienes raíces comerciales gana $ 150.000 o más por año, no hay ninguna deducción relacionada con la pérdida de bienes raíces comerciales.

Beneficios fiscales de los bienes raíces comerciales vs. IRA para la jubilación:

A diferencia de las IRA, que se gravan con la tasa impositiva personal normal del inversor cuando se retira el fondo, cuando los prestamistas venden propiedades comerciales suelen pagar un impuesto sobre las ganancias de capital más bajo que el impuesto sobre la renta personal, al menos para la mayoría de los inversores. Tenga en cuenta, sin embargo, que esto no se aplica al IRA Roth.

Deducción de impuestos no hipotecarios:

Los inversionistas de bienes raíces corporativos y multifamiliares, además de los gastos de intereses hipotecarios, pueden deducir el impuesto sobre la renta de las reparaciones de la propiedad, el mantenimiento, ciertos costos de administración de activos y muchos gastos operativos. Esto incluye gastos de hotel, gastos de ida y vuelta para propiedades de alquiler, y el 50% de las bebidas y alimentos. Los inversionistas también pueden deducir las inversiones en propiedades para gastos relacionados con seminarios, conferencias y otros eventos educativos similares. Sin embargo, las mejoras generales de la propiedad como la renovación y el mobiliario nuevo, en general, no se pueden considerar exentas para el año en que se produzcan.

Expertos en bienes raíces comerciales:

Si usted es considerado un profesional de bienes raíces comerciales designado por el IRS, no hay límite al número de pérdidas de bienes raíces que puede recibir en un año. Para calificar, una persona debe trabajar por lo menos 750 horas al año en puestos relacionados con los bienes raíces, como administradores de bienes raíces, corredores, agentes e inversionistas. Además, normalmente tienen que trabajar en este puesto más tiempo que en cualquier otro. Debido a las ventajas fiscales de ser un profesional de bienes raíces, algunos inversionistas han decidido abandonar sus empleos de tiempo completo para dedicarse a la administración de patrimonios e inversiones de tiempo completo.

Reducción de la carga fiscal para los beneficiarios:

Los propietarios de propiedades comerciales no sólo tienen créditos fiscales, sino que también tienen importantes ventajas fiscales para sus herederos. Por ejemplo, si un inversionista compra una propiedad comercial por 3 millones de dólares y el valor se eleva a 4,5 millones de dólares antes de que el inversionista muera, los beneficiarios del inversionista tendrán 1,5 millones de dólares en activos totales en lugar de 4,5 millones de dólares. Todo lo que tienes que hacer es pagar impuestos. Esto puede ahorrar cientos de miles de dólares.

Zonas de Oportunidad:

El programa de Zona de Oportunidad fue creado bajo la Ley de Reducción de Impuestos y Empleo de 2017 y está diseñado para promover la inversión en comunidades de bajos ingresos en todo Estados Unidos. Hasta el 31 de diciembre, las ganancias de capital calificadas serán pospuestas, permitiendo que su fondo invierta en vehículos especialmente financiados, sus activos serán al menos el 90%, los bienes raíces comerciales y las características calificadas serán 8700. Además, los inversionistas pueden reducir su base impositiva de ganancias de capital en un 10% si mantienen inversiones por lo menos durante cinco años antes del 31 de diciembre de 2026. Los inversores pueden reducir sus ganancias de capital imponibles subyacentes en un 5% adicional si han invertido durante al menos siete años.

Capítulo 6:

¿Cómo aumentar el capital?

¿Sabes cómo funcionan las finanzas inmobiliarias? Invertir en bienes raíces se ha convertido en la definición del "sueño americano". El sector inmobiliario está en pleno auge, y no hay razón para que la gente no pueda participar en esta actividad. Las dificultades para entrar en el campo son mínimas; todo lo que se necesita es la cantidad correcta de interés, un poco de diligencia debida y la mejor educación en bienes raíces.

Lo más importante en el sector inmobiliario es el capital. Invertir en bienes raíces requiere capital, pero no es esencial que ese capital sea suyo. De hecho, no tienes que invertir tu propio dinero. Es totalmente posible invertir en bienes raíces usando el dinero de otras personas o gracias a lo que yo llamo OPM. Si al principio el dinero no es tuyo, debes desarrollar estrategias para atraer a otros interesados en financiar tus actividades inmobiliarias. Debes tratar de venderte a todos los inversores.

De hecho, los capitalistas de riesgo están dispuestos y son capaces de prestar dinero a aquellos que obtienen algún beneficio. Si decides aceptarlo, tu objetivo es hacerles conscientes del valor de la inversión. Debe convencer a los inversores de capital de riesgo de que usted vale su tiempo y su dinero. Usted debe aprender lo que los inversionistas de capital de riesgo quieren de los inversionistas correctos.

Una empresa es fundamental en el desarrollo y la financiación de grandes proyectos inmobiliarios.

Métodos financieros para invertir en cuatro formas diferentes de bienes raíces:

Las iniciativas de bienes raíces pueden requerir más dinero que cualquier otra cosa. Se podría argumentar que la recaudación de fondos para las transacciones inmobiliarias es muy importante y esencial. Por lo tanto, los inversores necesitan conocer las formas más eficientes no sólo para obtener los fondos adecuados, sino también para hacerlos fácilmente accesibles. No es difícil aprender a recaudar capital. Muchos prestamistas esperan que los deudores de buena reputación paguen. Los inversores necesitan saber dónde buscar.

Cuentas de jubilación:

Es posible invertir en bienes raíces usando una cuenta personal de retiro (IRA). A través del Servicio de Impuestos Internos (IRS), los titulares de las cuentas elegibles pueden enviar sus ahorros a inversiones inmobiliarias. Por supuesto, el titular de una cuenta debe tener un tutor que quiera que el dueño de la cuenta administre sus activos.

Los inversionistas pueden usar los fondos de sus cuentas de retiro para comprar bienes raíces mientras que sus cuentas son autogestionadas. Todas las ganancias obtenidas deben ser devueltas a la cuenta original. Sin embargo, las ganancias pueden aumentar los impuestos diferidos. Por lo tanto, los inversionistas no podrán gastar dinero inmediatamente, pero el alivio fiscal resultante aumentará su rentabilidad.

Notas de colocación privada:

Las notas de colocación privada siguen siendo la mejor fuente de financiación. Los consejos de empleo privado son similares a las ofertas privadas. Sin embargo, las colocaciones privadas, en particular, ofrecen a los promotores inmobiliarios la oportunidad de obtener capital mediante la venta de valores a otros inversores.

Individuos y pagadores individuales:

Los prestamistas de dinero contante y sonante son prestamistas semi-institucionalizados a los que generalmente se les permite prestar a los necesitados. Los prestamistas privados, por otro lado, tienden a acceder e invertir en capital. Existen sutiles diferencias entre estos dos tipos de prestamistas, pero siguen siendo las fuentes de financiación más populares.

Como su nombre indica, los prestamistas de dinero privados y los privados no están sujetos a la misma "burocracia" porque no están afiliados a los bancos institucionales. Por el contrario, estos prestamistas tienden a trabajar solos y suelen tener dificultades para prestar a los necesitados. Estos prestamistas pueden ofrecer préstamos a corto plazo y con altos intereses a los inversores, principalmente sobre la base de una propiedad significativa. Los prestamistas privados y de divisas toman decisiones basadas en el préstamo, dependiendo de si la propiedad en cuestión es una inversión valiosa. Esto significa que los inversionistas no necesitan tener el puntaje crediticio correcto para obtener la aprobación, pero necesitan tener una buena ética de trabajo.

A cambio de dar acceso a su capital, la mayoría de los prestamistas privados y en efectivo requieren alrededor de un 12-15% de interés y algunos puntos adicionales (interés de prepago). Aunque sus tasas de interés son mucho más altas (casi tres veces) que las de los bancos tradicionales, es comprensible que estos prestamistas puedan dar a los inversores un acceso inmediato al capital. Por otro lado, puede tomar un mes o dos para que un banco provea los fondos. Se pueden perder muchas oportunidades antes de obtener dinero de un banco. Por lo tanto, el ritmo de ejecución proporcionado por las instituciones de crédito privadas y particulares ha facilitado mucho la financiación de las transacciones inmobiliarias.

Aunque tradicionalmente no se considera una fuente de financiación, la práctica general se ha ganado una reputación al asignar una financiación relativamente rápida a los inversores interesados. Lo más importante es que ni siquiera se necesita financiación inicial para utilizar la asignación estratégica de los contratos. Es totalmente posible hacer dinero en sólo unas pocas horas sin utilizar los fondos de un inversor totalmente ejecutado. Incluso si no son una fuente tradicional de financiación, las ventas al por mayor pueden ciertamente ayudar a los inversores interesados en financiar transacciones inmobiliarias.

Cómo proteger el capital de inversión en bienes raíces:

Para recaudar dinero para una transacción de bienes raíces, es necesario saber dónde los inversionistas pueden encontrar recursos. Una vez que sepas dónde conseguirlo, necesitas saber cómo ahorrar dinero. Como resultado, los inversionistas necesitan aprender dónde encontrar el dinero que necesitan. Como dije, innumerables prestamistas están esperando para prestar a los inversionistas de hoy. Sin embargo, es responsabilidad del inversor demostrar que él o ella vale la inversión.

Eche un vistazo a algunos de los aspectos más importantes que los capitalistas de riesgo y los prestamistas privados de dinero buscan cuando quieren recaudar dinero para una empresa de bienes raíces:

- Muestra tu experiencia.
- Definir la estructura del grupo.
- Explica los beneficios de las oportunidades.
- Experiencia vivida.

La experiencia de establecer credibilidad juega un papel importante en la recaudación de fondos para la inversión inmobiliaria.

Teniendo esto en cuenta, ¿cómo pueden los nuevos inversores compensar la inexperiencia? Incluso los inversores más exitosos comenzaron desde abajo. Nadie nació con años de experiencia. Por lo tanto, se alienta a los nuevos inversores a compensar su falta de experiencia en el conocimiento y la atención a los detalles. Se sorprenderá de cuánta menos diligencia y motivación se necesita. En este punto, usted necesita tener confianza. No ponga su experiencia o falta de ella en el centro de ningún trato en particular.

De hecho, los capitalistas de riesgo y los prestamistas de dinero quieren trabajar con gente que se sienta cómoda dando dinero.

Estructura del grupo:

Los mejores inversionistas saben que los bienes raíces son un negocio de talento. Todas las transacciones requieren la cooperación de al menos dos partes. Sin embargo, si quieres aprender a recaudar dinero para un negocio de bienes raíces, necesitas trabajar bien con otros, especialmente con tu propio equipo. Los prestamistas privados se centran en la confianza con el equipo y tienen una buena razón para ello. Un equipo talentoso con los líderes adecuados puede hacer casi cualquier cosa. ¿Pero qué hace que un equipo sea talentoso? Antes de que decidas proporcionar los fondos necesarios para financiar la transacción, ¿qué buscará el prestatario en tu grupo? El aprendizaje de cómo recaudar dinero para un emprendimiento inmobiliario comienza con un grupo. Antes de considerar la posibilidad de ganar dinero, asegúrate de que tu equipo tenga las siguientes cualidades:

Dedicación: Un poco más importante para un empresario que un equipo, y menos importante para un equipo. Sin compromiso, incluso los equipos de bienes raíces más talentosos pueden colapsar. Como inversionista, es de su mayor interés prohibir las obligaciones de aquellos que decidan trabajar juntos.

Pasión: Los mejores equipos muestran una gran pasión. Hay que tener en cuenta. Sin embargo, ese interés disminuye gradualmente. Para liderar un equipo apasionado, debes estar interesado en tus futuros esfuerzos. Deje que la gente sepa lo emocionado que está por el futuro de su empresa. Asegúrate de que la gente esté interesada en la idea de trabajar contigo. Al menos sabrán que tu corazón está en el lugar correcto.

Trabajo en equipo: El trabajo en equipo, a veces llamado "química", es una fuerza que lleva a un equipo a ser capaz de colaborar de una manera única, y los capitalistas de riesgo son muy conscientes de ese poder. Demuestra a los inversores que puedes trabajar bien con otros.

Flexibilidad: Los empresarios flexibles son intrínsecamente estrictos. Los inversores serios no son adaptables y son propensos a los problemas. La flexibilidad, de esa manera, le da a los inversionistas la oportunidad de pensar con los pies en la tierra. Todos los empresarios más importantes de nuestro tiempo han demostrado su capacidad de ser flexibles. Nadie puede mitigar el riesgo mejor que la capacidad de adaptarse a las condiciones cambiantes.

Diligencia: Aunque no es totalmente diferente de la curiosidad, la perseverancia la alaba. Algunos dicen que la firmeza por sí sola es lo que separa a los adultos de los grandes inversores. Todavía no se ha emitido ningún veredicto, pero la perseverancia intrínseca del equipo puede ciertamente ayudar a persuadir a otros a trabajar para usted.

Conocimiento: El conocimiento es poder, más que cualquier otro aspecto de esta lista. Este es tu activo más importante. El conocimiento reconoce si todo funciona correctamente. Uno de los atributos más importantes de los que un grupo puede presumir es la educación inmobiliaria.

"Cosmopolita": En mi opinión, si no puedes entrenar, eres un ignorante. Los hombres inteligentes no lo saben todo. El entrenamiento ayuda mucho a ganar la confianza de los demás. No sólo aprenderás, sino que si quieres admitir que te equivocas, abrirás una nueva forma de trabajar con los demás.

Una oportunidad:

Además, una de las mejores maneras de generar dinero para un emprendimiento inmobiliario es asegurarse de que los prestamistas valoren su tiempo. No hay nada mejor que convencer a un prestamista de que le pague más rápido.

Recuerde que usted es el que está recaudando dinero para la inversión inmobiliaria. Depende de ti ver si quieren darte crédito. La casa en la que vas a invertir tiene que hacer la mayor parte del trabajo. Sin embargo, haz los números tú mismo y dale al prestamista una razón para no gastar el dinero en otra parte.

En este punto, querrás expresar tus intenciones por adelantado. Díganos cuánto está buscando y qué beneficios potenciales traerá su inversión en su negocio. Depende de usted explicar todas las transacciones.

Las inversiones exitosas en bienes raíces requieren menos riesgo, y los prestamistas privados no son una excepción. No son profesionales que tiran el dinero. Quieren asegurarse de que usted pueda entregarlos.

La recaudación de fondos para la inversión en bienes raíces es un paso esencial para todos los inversionistas de bienes raíces. La propiedad en cuestión es la gran razón por la que la gente paga, pero es sólo una pequeña parte de la ecuación. Los prestamistas quieren estar cómodos con la gente que les paga. En este sentido, los prestamistas más exitosos han aprendido a identificar a los mejores inversores. Una persona que gana más dinero y devuelve los intereses. Ejerce estas características todos los días si quieres ser el prestamista de un inversor. En otras palabras, una fuente de ingresos comprobada. Así que, definitivamente se verá abrumado por todas estas opciones sobre cómo financiar el desarrollo de bienes raíces.

1.Métodos financieros para el desarrollo de bienes raíces: Financiación bancaria tradicional

Hay buenas noticias si estás considerando un préstamo bancario tradicional. Por primera vez en casi tres años, los bancos han relajado los estándares para los préstamos de bienes raíces comerciales. Esto es un incentivo para renovar los préstamos bancarios tradicionales. De hecho, los cinco bancos más grandes de América han experimentado el peor trimestre en los últimos 20 años. La afluencia de préstamos hipotecarios se redujo a 87.000 millones de dólares en el primer trimestre de 2018, frente a los 110.000 millones del trimestre anterior. El prestamista evalúa los activos del solicitante, su historial de crédito y la relación deuda/ingresos analizando varios documentos:

a) Estado de cuenta bancario: Determina si hay cargos por saldo que pueden durar varios meses en caso de emergencia.
b) Historial de crédito: Evalúa el riesgo de exposición a deficiencias como ejecuciones hipotecarias previas.
c) Últimas nóminas: Mide sus ganancias actuales. Los solicitantes que trabajan por cuenta propia o tienen otras fuentes de ingresos pueden presentar pruebas

utilizando formularios como el 1099 o el de depósito directo.

d) Formulario W-2 e Ingresos tributarios: Asegura la consistencia entre el ingreso anual y el ingreso reportado en la nómina e identifica los cambios en el ingreso.

e) Hasta el final: Mínimo crédito, excelente puntaje de crédito, ingresos buenos y estables, y paciencia para manejar el papeleo.

f) Si cumple con todos estos requisitos y paga tarifas bajas (alrededor del 20-25% del precio de compra), definitivamente se beneficiará de préstamos bancarios de menor tasa de interés.

g) 2. Sistema financiero para el desarrollo de bienes raíces: Préstamo de la Cooperativa de Crédito

h) A medida que la cuota de mercado hipotecario del banco se redujo, su participación aumentó del 8% en el segundo trimestre de 2016 al 10% en el segundo trimestre de 2017. Las cooperativas de crédito, como los bancos, ofrecen opciones claras y justas. Una de las características clave que diferencian a los bancos de las cooperativas de crédito es el servicio al cliente. Los bancos tienen tasas de satisfacción del cliente más bajas que las cooperativas de crédito, ocupando el puesto 82 de 100 en el Informe de Satisfacción del Cliente de 2017. Debido a que los bancos suelen tener más sucursales y avances tecnológicos, dice. Puede haber muchos contactos para los miembros de las cooperativas de crédito. Sin embargo, este es un tema especial para los solicitantes de préstamos debido a los requisitos adicionales de membresía.

Dos importantes atractivos que dan a las cooperativas de crédito una ventaja sobre los bancos son:

Exento de impuestos para las organizaciones sin fines de lucro.

Reduciendo las comisiones a pesar de que los tipos de interés son más altos que los bancos.

Además, a diferencia de los prestamistas sin depósito, un proveedor puede acceder a múltiples servicios como;

- Línea de crédito sobre el capital de la vivienda (HELOC).
- Préstamos sobre el capital de la vivienda.

Hipotecas.

Además de mantener estas cuentas, establecemos relaciones con instituciones financieras y registramos información financiera. Se puede obtener una aprobación previa permanente para la financiación secundaria.

1. Financiamiento para el desarrollo de bienes raíces: Préstamos inmobiliarios entre pares

Se prevé que el mercado mundial de préstamos entre pares aumente constantemente de 26.064 millones de dólares en 2015 a 460.312 millones de dólares en 2022.

El mercado central pone en contacto a los prestamistas (particulares e inversores) con los prestatarios a través de servicios en línea. A diferencia de los bancos, los gastos generales (personal, otras líneas de negocio, redes de sucursales) son muy bajos, lo que significa que los préstamos B2B son sorprendentemente bajos. Por supuesto, se necesita un buen puntaje crediticio, pero aún así se puede obtener un puntaje más bajo que perfecto.

Evalúe estas características cuando analice la mejor plataforma de préstamos entre pares.

Se requiere una cuota de participación prepagada.

- Protección de datos como las instituciones financieras.
- Política de privacidad de la información personal.

2. Cómo recaudar capital para el crecimiento de los bienes raíces: Comprar bienes raíces con préstamos de la FHA

Si decides pedir un préstamo a un banco tradicional con requisitos más limitados, puedes obtener un préstamo de la Administración Federal de la Vivienda (FHA). Aquí, un comprador de vivienda por primera vez se beneficia de tasas más bajas. La FHA garantiza estos préstamos, por lo que los prestamistas ofrecen términos generosos. Los prestatarios pueden beneficiarse de la protección de préstamos de la FHA que no se encuentra en las hipotecas tradicionales. Pero aún así se basa en su historial de crédito. Se requiere una puntuación mínima de 580 en la FICO para calificar para un 3.5% de descuento. Un puntaje crediticio más bajo significa un 10% de costos de pago más altos. Si utiliza la deuda para establecer propiedades familiares múltiples, puede vivir en una unidad y alquilar la otra.

3. Sistema de financiamiento para el desarrollo de bienes raíces: Préstamo de Dinero Duro

En el segundo trimestre de 2018, cayeron 48.768 viviendas en condominio y unifamiliares en los Estados Unidos (la caída es una vivienda que se negocia dos veces entre vendedores y compradores no relacionados en un plazo de 12 meses). El 38,6% de esas viviendas se compraron con financiación de la vivienda.

Los préstamos bancarios tradicionales suelen tardar en ser aprobados y se basan en el puntaje crediticio del prestatario. Afortunadamente, los préstamos en efectivo están garantizados por los bienes inmuebles que se compran. Esto acelera la aprobación sin necesidad de requisitos extensos. Sin embargo, es más probable que pague por adelantado el proceso de préstamo (un precio más bajo que tiene que pagar por un préstamo que es el 100% del precio de compra de la casa). Las tasas de interés son generalmente más altas que las de los préstamos bancarios tradicionales.

Capítulo 7:

¿Cómo obtener lo mejor de los alquileres y los ingresos pasivos?

Ganar dinero con el trabajo diurno añadirá valor a su red. Puede que hayas oído hablar de los ingresos pasivos. El alquiler de bienes raíces es la norma. Pero antes de entrar, hay algunas cosas que debes aprender sobre el alquiler de bienes raíces como fuente de ingresos pasivos. Vamos a analizarlas.

Cómo obtener un ingreso pasivo de las propiedades en alquiler:

Primero, consigue un registro directo de los ingresos pasivos. El ingreso pasivo es un ingreso derivado de fuentes que requieren un esfuerzo mínimo. Algunos ejemplos son las inversiones en acciones y bonos o el rendimiento de los bienes raíces. En general, el ingreso pasivo es el mejor: puede ayudar a aumentar los beneficios de la jubilación, fomentar la jubilación anticipada o cumplir con los objetivos de creación de riqueza más rápidamente. Hay muchas maneras de invertir en bienes raíces en este momento, pero hablemos de las más populares, especialmente en lo que respecta a la renta y los ingresos pasivos. Una vez que empiece a alquilar, las propiedades de alquiler son una fuente importante de ingresos pasivos. No es completamente pasivo, ya que el inicio requiere cierto esfuerzo (especialmente si necesita refrescar el inicio para planificar el alquiler). Sin embargo, puede proporcionar ingresos mensuales sin participar diaria y directamente

Cómo:

Si estás comprando una propiedad para alquilar y eres nuevo en los juegos de alquiler, encuentra un punto medio razonable y estable. Pedir prestados cientos de miles de dólares para "invertir" en bienes raíces nunca es una buena idea! Si es posible, compre una con un 70% de descuento sobre el valor actual del mercado. Intento invertir tanto como sea posible y ganar dinero.

Dónde comprar:

En general, las buenas escuelas y casas en zonas de renombre tienen una calificación más alta que las propiedades de bajo precio (como apartamentos y condominios). Busque propiedades en áreas fuertes donde los precios de las casas han aumentado a lo largo de los años. Los inquilinos responsables no deben dañar el lugar o volverse impredecibles cuando se hagan los pagos. Las propiedades cercanas al transporte público y a las principales carreteras son generalmente populares entre las compañías de arrendamiento. Tenga cuidado con las grandes corporaciones que se mueven a zonas de la ciudad y abren oficinas y otras fábricas. No es deseable tener su primer alquiler en un lugar donde no se puede comprobar regularmente el estado de su propiedad. Si es así, la propiedad tiene que ser manejada por otra persona (le diremos más sobre eso más adelante). Sin embargo, en algunas circunstancias puede ser gratificante si elige una ciudad con un buen mercado de alquiler y un crecimiento justo del empleo.

Qué comprar:

Debes decidir qué comprar y qué alquilar. ¿Necesitas un apartamento que dure mucho tiempo? ¿O quieres una casa que piensas vender en un par de años para obtener un beneficio? La ejecución de la hipoteca es una gran manera de comprar una propiedad de inmediato. Sin embargo, en general, debe evitar desperdiciar dinero al planear el alquiler de un lugar. Todo lo que necesitas es algo atractivo y casi listo. Si no planea administrar la propiedad usted mismo, casi todo, desde el alquiler hasta las reparaciones, quejas y desalojos serán manejados por un agente de bienes raíces. Le pagas una comisión al agente, así que te sentirás menos frustrado si estás demasiado ocupado para ocuparte de estas cosas.

Siempre hable con su agente de bienes raíces sobre cuánto debe alquilar. No esperes demasiado. El alquiler mensual debe ser adecuado para el mantenimiento, las cuotas de la HOA, el seguro de la casa, etc. ¡De lo contrario, no se le pagará!

Los inquilinos felices son simples inquilinos:

Si usted mismo administra el lugar, haga lo correcto y contacte a su inquilino cada mes para asegurarse de que no le molesten. Generalmente, los correos simples funcionan. No llames o visites cada semana sin avisar. Debe respetar su privacidad, pero no dude en contactar con él si tiene algún problema. Antes de alquilar, asegúrese de que el agua caliente y el sistema de aire acondicionado funcionan correctamente.

Cuándo invertir en propiedades de alquiler:

Antes de pensar en comprar un lugar para alquilar, no debe haber ninguna deuda. Necesita un fondo de emergencia totalmente financiado que cubra de 3 a 6 meses de gastos.

Conseguir un fondo de emergencia es realmente necesario cuando se es propietario de una vivienda para eventos imprevistos como reparaciones, alquiler no pagado, tiempos de desocupación, etc. Como he dicho, el dinero en efectivo puede ser utilizado para financiar inversiones en bienes raíces. Esto puede mantenerse después de invertir el 15% de tus ingresos mensuales en cuentas de jubilación como la 401 (k) y el IRA.

Consiga la ayuda de un experto:

Si se pregunta si una inversión de alquiler es adecuada para usted y no sabe dónde invertir, se requiere la ayuda de un buen agente inmobiliario. Si está solo, la decisión a tomar es enorme, y estas personas son expertos que pueden ayudarle a comprar y vender gracias a todo su conocimiento del mercado local.

Capítulo 8:

¿Cómo incrementar la inversión?

Para la mayoría de los inversionistas, el plan es crear un motor de ingresos pasivos y medibles. Pero tienes que darte cuenta de que no puedes hacerlo todo por ti mismo. Es difícil renunciar al control, pero la subcontratación de un negocio exitoso es esencial. Decidir cuándo renunciar al control de una responsabilidad específica de un negocio es una decisión emocional. Sin embargo, no puedes hacer nada por ti mismo. A menudo, el escalamiento es un paso adelante.

Escalamiento de la cartera:

La compra de tu primera propiedad te permite tomar todos los recursos emocionales y financieros que necesitas. Evaluar cada opción inmobiliaria y financiera, cobrar sus pagos, sentarse y firmar sobre líneas punteadas puede parecer un gran logro. La propiedad que acabas de comprar es la mayor inversión que has hecho, y si resulta buena, estarás muy orgulloso de ella. Sin embargo, si quieres ser un inversor inmobiliario, ese primer negocio inmobiliario no es el último. Es sólo el comienzo. Cuando la primera inversión comienza a dar resultados, es hora de reinvertir esas ganancias o de reinvertir en el segundo, tercero, cuarto y decimoquinto activo. No es fácil, y ¿serás capaz de crear un gran imperio inmobiliario? Aquí hay algunas grandes estrategias que te ayudarán a expandir tu reino inmobiliario como lo hacen los expertos:

-Hacer un diseño

Conducir por la ciudad y buscar carteles de "venta" en el patio delantero para encontrar una gran inversión no es la mejor estrategia. Para encontrar una gran inversión, hay que tener una visión analítica del mercado. Pero antes de hacerlo, tienes que tener claro lo que quieres. ¿Cuál es el rango de costos de una propiedad de inversión? ¿Qué rendimiento anual está buscando? ¿En qué mercado está interesado? ¿Cuál es su plan a cinco años? ¿Su plan de diez años? Los inversores interesados tienen una visión clara de lo que quieren y tienen un plan claro para llegar allí.

-Construir un mejor equipo

Expandir tu cartera de bienes raíces no es algo que puedas hacer solo. Digamos que tienes una sólida visión de la propiedad que quieres adquirir. La primera persona que quieres agregar al equipo es un agente de bienes raíces. Los agentes experimentados conocen cada detalle del mercado, entienden hacia dónde van las tendencias, anticipan las fluctuaciones y están bien conectados con la población local. Sin un buen agente, no hay cartera de bienes raíces. Mientras tanto, asociarse con agentes de bienes raíces enfocados en la inversión puede convertir rápidamente los proyectos en operaciones de campo rentables. Con el conocimiento del mercado que tiene un agente, su cartera puede crecer más rápido de lo que usted cree. Y eso fue sólo el comienzo. Necesitas un buen abogado de bienes raíces para manejar todos tus documentos. Si está enriqueciendo su propiedad de inversión, construir una relación con un contratista de confianza puede ser beneficioso.

También necesita un buen administrador de propiedades para manejar los gastos de alquiler. Como todos los grandes negocios, la construcción de un imperio inmobiliario debe ser un esfuerzo de equipo.

Finanzas:

Has terminado tu investigación, y ahora sabes qué características quieres. Has trabajado duro y has encontrado a las mejores personas con las que construir relaciones. Lo que queda ahora es la parte más importante: el dinero. Si eres uno de los pocos afortunados, tu agente tendrá suficiente dinero para empezar a escribir todos los grandes cheques de propiedad que tienes. Pero la mayoría de los inversores necesitan financiación. Hay muchas opciones de financiación disponibles para los inversores. Algunas de ellas son muy regulares, otras muy creativas:

-Deuda tradicional

Los más comunes son los préstamos regulares. Esta es la hipoteca del banco que todos conocemos. 20% de caída, tasa de interés fija, período de 30 años. La sub-porción de un préstamo tradicional suele ser un 20% menos de pago. Para la mayoría de los inversores, esto es indignante. Afortunadamente, hay opciones que requieren poco o ningún dinero.

-Dinero duro

El dinero duro es dinero privado, que explora el valor potencial de una inversión, no las calificaciones del prestatario. Si la propiedad que quieres comprar es una buena apuesta en un mercado caliente, puede que te resulte difícil financiar la compra.

Sin embargo, como puede imaginar, el dinero duro viene con condiciones muy difíciles. Todo es negociable porque es un préstamo personal, y muchos programas difíciles de pagar deben ser devueltos en un año. Las tasas de interés también varían desde las tasas del mercado hasta dos o tres veces.

-Fondo de crecimiento

Esta es una nueva e innovadora opción que puede dar grandes resultados para las campañas de marketing inteligente. El crowdfunding funciona distribuyendo grandes cantidades de inversores, a menudo a niveles muy bajos, y estimando los beneficios. Este método puede traer mucho dinero si se quiere aprovechar. Piensa en ello como la intersección entre REIT y Twitter. Expandir un portafolio de bienes raíces en un reino de bienes raíces es un gran sueño pero alcanzable. Asociarse con un agente de bienes raíces con experiencia y conocimientos hará que tu sueño se haga realidad más rápido y fácil. Si usted es serio acerca de la creación de un imperio de bienes raíces, póngase en contacto con nosotros hoy!

Capítulo 9:

El impacto de Covid-19 en los bienes raíces

Una pandemia mundial

El distanciamiento físico y social ha cambiado profundamente el modo de vida y de comunicación de las personas, y los efectos de esta pandemia han hecho disminuir la demanda de otras formas de espacio, probablemente por primera vez en la historia reciente. Esto creó una situación sin precedentes para la industria inmobiliaria. Cuanto más dure esta crisis, más probable es que veamos un cambio positivo y sostenible en el comportamiento, más allá del estado de emergencia inmediato. Para responder al desafío actual de Covid-19, y para ayudar a preparar el camino para hacer frente a lo que podrían ser ajustes estructurales después de la crisis para la industria, los líderes de la industria inmobiliaria deben tomar medidas ahora.

La mayoría centralizaría la gestión del efectivo para concentrarse en el rendimiento y ajustar la forma en que toman decisiones sobre la cartera y el gasto de capital y la mayoría de los operadores de bienes raíces fueron sabios al comenzar con decisiones que garantizan la seguridad y la salud de todos los propietarios de espacios, empleados, inquilinos, así como otros. Los más inteligentes ahora también pensarán en cómo cambiar permanentemente el panorama inmobiliario a largo plazo, y ajustarán sus estrategias.

Sin embargo, los proveedores de seguridad luchan por minimizar los riesgos de seguridad tanto para los empleados como para los consumidores. Mientras tanto, muchos propietarios y operadores de activos se enfrentan a una grave reducción de sus beneficios brutos y casi todos temen que muchos inquilinos tengan dificultades para hacer sus pagos de arrendamiento.

Durante la crisis, no todos los activos inmobiliarios se comportan de la misma manera. Los activos con mayor densidad humana parecen haber sido los más afectados: hospitales, centros comerciales regionales, alojamientos y edificios de apartamentos se han vendido significativamente. Por el contrario, las instalaciones para el auto-almacenamiento, las instalaciones industriales y los centros de datos experimentaron disminuciones menos sustanciales.

Las autoridades de salud pública podrían cambiar gradualmente los códigos de construcción para minimizar el riesgo de futuras pandemias, lo que posiblemente afectaría los requisitos de HVAC, los metros cuadrados por persona y las cantidades de habitaciones cerradas. Simultáneamente, a medida que la generación del baby boom envejece hasta el rango ideal para una vida independiente y asistida, el temor a las infecciones virales como la del Covid-19 puede alentarlos a permanecer un poco más en sus hogares actuales. La demanda de servicios de vivienda para personas mayores podría disminuir, o la empresa podría ajustarse totalmente para satisfacer las demandas de los consumidores de más espacio físico y requisitos operativos más complejos. Los primeros datos de China sugieren que empezaron a pasar al comercio electrónico debido al coronavirus, aprovechando la situación.

Los consumidores forzados a comprar en línea debido a los centros comerciales cerrados y centros comerciales pueden cambiar permanentemente sus hábitos de compra hacia el comercio electrónico para algunas categorías. Antes del brote de coronavirus, muchos consumidores ya estaban empezando a alejarse de las tiendas físicas. Es probable que esta tendencia a largo plazo se intensifique mucho más rápido después de la crisis, especialmente cuando muchas empresas que existían anteriormente se vean abocadas al fracaso o sean presionadas para reducir drásticamente su presencia. Las clases de activos bastante limitadas pueden ver una mejora en su economía, gracias a la demanda que aumenta a medida que más personas trabajan desde casa, mientras que otras clases de activos pueden tener dificultades.

¿Qué hay de los bienes raíces?

El brote de COVID-19 y la consiguiente pandemia han intensificado la necesidad de cambios estructurales, y han demostrado que quienes no han hecho esas inversiones definitivamente tendrán que adaptarse rápidamente. Pocas empresas inmobiliarias desarrollaban estrategias de análisis digital y tecnológico antes de Covid-19, pero ahora esas estrategias son esenciales. Muchas de las consecuencias inmediatas de la epidemia incluyen la necesidad de una comunicación constructiva sobre la salud y la seguridad en los entornos públicos para los clientes y los trabajadores. Tras la pandemia del coronavirus, los líderes de la industria inmobiliaria han asumido una serie de consideraciones comunes.

Los propietarios y operadores, por encima de todo, deben proteger la vida y la salud de las personas por cualquier medio justo, garantizando la seguridad de todos. Los operadores líderes deben asegurarse de reconocer completamente los intereses de los inquilinos en este momento y de asegurar a todos en su ecosistema. Estas mejoras son lo más inteligente que se puede hacer, ya que también son buenas para el negocio: los inquilinos y los usuarios del espacio recordarán su iniciativa, construyendo una gran relación de confianza.

La creatividad también debería utilizarse más a menudo, ya que no todas las prácticas de creación de efectivo tienen que implicar un recorte de gastos. Por ejemplo, algunos promotores residenciales están buscando formas creativas de liquidar nuevos inventarios, como los programas de arrendamiento con opción a compra y las colaboraciones de financiación.

Aunque puede resultar tentador sacar conclusiones reductoras sobre los efectos económicos de la pandemia de coronavirus, las correspondientes respuestas de política en todas las carteras a nivel municipal, estatal y federal pueden no ser universales. Con el fin de producir conocimientos sobre las condiciones epidemiológicas y económicas locales, lo que está sucediendo y el efecto de la crisis en los inquilinos individuales, los líderes del sector inmobiliario están aprovechando la abundancia de datos de comportamiento disponibles. Pocas compañías de bienes raíces tienen conocimientos sobre estos temas, y muchas menos tienen las herramientas, procedimientos y responsabilidades adecuadas para tomar decisiones.

El valor de la digitalización ha sido magnificado por el distanciamiento físico, social y el propio encierro, en particular gracias a las intervenciones que incluyen la experiencia del inquilino y del cliente. Esos servicios innovadores podrían generar satisfacción y la oportunidad de crear fuentes de negocio totalmente nuevas, al tiempo que se atiende a las demandas de los inquilinos y los usuarios finales.

Muchos inversores y operadores están reconsiderando todas las inversiones de capital en el contexto de un entorno posterior al virus. Algunos han cambiado ahora de mentalidad y se han dedicado a buscar activos únicos a precios de descuento, pero el problema que sigue planteando el acceso a los mercados de capital ha ralentizado la actividad y la disponibilidad seguirá siendo limitada, ya que los posibles compradores esperan a que se recuperen las valoraciones.

Algunos propietarios están empezando a pensar en qué hacer cuando la crisis inducida por la pandemia haya terminado completamente. En lugar de centrarse en los métodos económicos convencionales o en los métodos basados en encuestas a los clientes, los ejecutivos del sector inmobiliario están buscando respuestas de economistas, sociólogos, futurólogos y tecnólogos. Se preguntan si los empleados exigirán espacios de trabajo más amplios y seguros, si la gente temerá vivir en condominios si tendrá que usar ascensores, etc. Por supuesto, hoy en día, todo es incierto. Pero los líderes empresariales pueden empezar a descubrir nuevas y más fiables ideas empleando un personal innovador y utilizando nuevos métodos tecnológicos y digitales, con el fin de estar preparados cuando todo termine finalmente.

Conclusión

Para muchos, los bienes raíces son simples y fáciles de entender, y la inversión es fácil porque implica un intercambio justo entre los propietarios de bienes raíces (arrendadores) y los usuarios de bienes raíces (inquilinos). Mientras el agua caliente siga fluyendo y el alquiler llegue en el momento adecuado, todo el mundo está contento. Sin embargo, la inversión en bienes raíces es más compleja porque una variedad de inversiones en bienes raíces, tales como comerciales, industriales, residenciales, se comercializan en las bolsas de valores conocidas como REITs. El objetivo al invertir en bienes raíces es invertir en los empleos de hoy y crecer y hacer más dinero en el futuro. Necesitas obtener suficiente ganancia o "retorno" para cubrir los riesgos que tomas, los impuestos que pagas y los costos de ser dueño de una inversión de bienes raíces, como servicios públicos y seguros.

Si está considerando comprar una propiedad, ya sea la residencia principal de su familia o una propiedad de inversión, necesita saber cómo hacer que su pago sea seguro y de fácil acceso. Como nuevo inversionista, ¿se ha preguntado alguna vez qué capital o bienes raíces son mejores? Ambos tienen algunas fortalezas y debilidades, pero la respuesta depende de su personalidad y preferencias, al igual que su cartera y circunstancias. Una de las formas más comunes de poseer bienes raíces es a través de un tipo especial de inversión llamado REIT (Real Estate Investment Trust). Los fideicomisos de inversión inmobiliaria tienen un "sabor" casi infinito. Por ejemplo, algunos invierten sólo en bienes raíces comerciales, mientras que otros sólo invierten en edificios de apartamentos. Los REITs pueden ser negociados de la misma manera que los valores a través de las cuentas de las compañías de valores, y los dividendos son gravados de manera diferente a los dividendos de las acciones. Averigua cómo funcionan los REITs y si deberías considerar ser dueño de un REIT en lugar de un inmueble.

Algunos consejeros de crédito enviarán pagos adicionales a tus acreedores para reducir tu deuda inmobiliaria. En cambio, se te pedirá que tengas más dinero a mano para que puedas ahorrar una buena cantidad de fondos de emergencia. Rara vez tienes una inversión inmobiliaria directamente a tu nombre! En la mayoría de los casos, los inversionistas inmobiliarios serios son dueños de bienes raíces conocidos como una Compañía de Responsabilidad Limitada o LLC. Este tipo especial de compañía puede proteger la propiedad personal de litigios y otros riesgos. De hecho, la mayoría de los inversionistas ricos poseen casas a través de una práctica de gestión de riesgos. Como nuevo inversor inmobiliario, es imperativo entender cómo funciona la LLC y por qué se utiliza para mantener propiedades de alquiler y otras inversiones inmobiliarias.

Una de las mayores inversiones que uno puede hacer en la vida es su residencia principal. Desafortunadamente, considerando los costos de seguro, mantenimiento, interés neto de la hipoteca y otros gastos, algunos nuevos inversionistas/propietarios no se dan cuenta de que la tasa de retorno real después de la inflación de la casa es de alrededor de 0%. Necesitan abrir los ojos y hacer su primera inversión inmobiliaria importante.

Me despido:

El Espíritu de este libro es la unión entre el manera de trabajar en el business tradicional europeo y el moderno estilo americano.

Como innovador en la zona Española, soy Luca Vismara, conocido como "Lucas" y os he presentado este libro .

Estoy trabajando come profesional inmobiliario y asesor personal y es posible contactarme para representarte y comercializar tus propiedades, cuando vivas en mi territorio: en la actualidad estoy viviendo y moviéndome por las Islas Canarias.

De otra forma, ofrezco consultas personalizadas en calidad de experto de inmuebles residenciales y comerciales, bajo varios aspectos: "como crear una actividad comercial", "como cambiar aspecto a tu bar/business", "home staging (como cambiar aspecto a tu casa)".

Disponible a través de cursos o video conferencias y llamadas personalizadas por toda la área Hispánica o Española.

http://www.lucavismara.es

CPSIA information can be obtained
at www.ICGtesting.com
Printed in the USA
LVHW011356301020
670160LV00003B/141